역사 속
세기의 로맨스

2013년 10월 10일 초판 1쇄 인쇄
2013년 10월 17일 초판 1쇄 발행

글 박시연 / 그림 유수미
펴낸이 이철규 / 펴낸곳 북스
편집 이은주 / 편집디자인 이종한

편집부 02-336-7634 / 영업부 02-336-7613 / FAX 02-336-7614
홈페이지 http://www.vooxs.kr / 등록번호 제 313-2004-00245호 / 등록일자 2004년 10월 18일

주소 서울특별시 광진구 자양 4동 52-197번지 2층
값 10,800원
ISBN 978-89-6519-062-2 74800
　　　978-89-6519-043-1 (세트)

잘못된 서적은 구입하신 서점에서 교환하여 드립니다.
이 책은 저작권법에 의해 보호를 받는 저작물이므로 불법 복제와
스캔 등 무단 전재 및 유포·공유를 금합니다.

이 도서의 국립중앙도서관 출판시도서목록(CIP)은 서지정보유통지원시스템 홈페이지(http://seoji.nl.go.kr)와
국가자료공동목록시스템(http://www.nl.go.kr/kolisnet)에서 이용하실 수 있습니다.
(CIP제어번호 : CIP2013020364)

역사 속 세기의 로맨스

7 이반 4세와 아나스타샤

글 박시연 그림 유수미

vooks북스
BOOK IN YOUR LIFE

'세기의 로맨스'는 말 그대로 세계가 놀랄 만한 로맨스를 다룬 글입니다.
주인공 이지가 타임 슬립을 통해 과거의 시공으로 떨어지고, 그곳에서 '헨리 8세와 앤 블린', '샤 자한과 뭄타즈 마할', '원효대사와 요석공주' 등 역사에 기록될 만한 강렬하고도 아름다운 사랑을 나눈 주인공들을 만나 함께 기뻐하고 슬퍼하며 사랑을 배워간다는 내용입니다. 이렇게 과거에서 만난 친구들을 통해 사랑의 진정한 의미와 가치를 깨달으며 이지는 조금씩 성장합니다. 그리고 이런 성장을 바탕으로 현실세계에서 자신을 무던히도 괴롭히지만 때때로 묘한 분위기로 헷갈리게 만드는 킹카 중의 킹카 주노와의 사랑을 가꾸어 나갑니다.
세기의 로맨스는 물론 로맨스를 중심으로 하는 시리즈입니다. 하지만 그 시대에 살았던 주인공들의 삶과 사랑을 현실세계에서 온 이지의 눈으로 지켜보고 느끼면서 당시의 역사에 대해 자연스럽게 배우게 됩니다. 그들의 사랑 자체가 역사가 되는 것이지요.

   우리 학생 독자들에게 로맨스는 언제나 중요한 관심거리일 겁니다. 누구나 한 번쯤은 밤하늘의 별을 올려다보며 시크한 왕자님과의 사랑을 꿈꾸고, 또한 거리를 걷거나 지하철을 타고 가다가 첫 사랑과의 우연한 재회를 꿈꾸기도 했겠지요. 세기의 로맨스를 펼치는 순간, 여러분이 기대하는 그런 설렘을 만날 수 있습니다.

   더불어 그들이 어떻게 그런 사랑을 하고, 어떻게 그런 행복 혹은 비극을 맞았는지 그 역사적 배경까지 알게 된다면 더욱 흥미진진하지 않을까요?

박시연

머리말 _6

헛된 노력 _11

휴식이 필요해 _30

크렘린궁의 포로 _61

요정처럼 아름다운 아나스타샤 _83

왕의 귀환 _113

차르 이반 _136

영광과 절망 _158

천년의 어둠 _178

부록 위대한 차르 이반 4세 _197

헛된 노력

"아함~ 모처럼 편하게 잘 잤다."

이아진 여사는 아침 일찍 기분 좋게 깨어났다. 창문을 열어젖히니 깨끗한 햇살과 함께 상쾌한 초여름 바람이 불어왔다. 팔을 벌리고 여름 향기를 들이마시며 이 여사는 지난밤의 패션쇼에 대해 생각했다. 런웨이에서 꼴사납게 넘어진 이지의 모습을 떠올리는 그녀의 입가에 웃음이 걸렸다.

"주노도 어지간히 질려버렸을 거야. 주노가 싫증내기 전에 이지 그 아이가 수치심을 이기지 못하고 스스로 떠날지도 모르지."

똑똑!

이때 노크 소리가 들리자 이 여사는 반가운 얼굴로 돌아섰다. 아들이 찾아왔다고 생각한 것이다.

"들어오렴."

"안녕히 주무셨어요?"

방문을 열고 들어온 사람은 뜻밖에도 이지였다. 이 여사의 미간이 절로 찌푸려졌다.

"이지 양은 집으로 돌아간 줄 알았는데?"

"저는 이 저택의 메이드인걸요."

"으음……."

못마땅한 표정을 숨기지 않는 이 여사를 향해 이지가 싱긋 미소를 지었다.

"아침 식사 준비됐습니다. 나가시죠."

"웬 된장찌개?"

식탁에 앉자마자 주노가 실망스런 표정을 지었다. 이 여사와 함께 식탁에 앉으며 이지가 말했다.

"어머니께서 조개 된장찌개를 좋아한다고 하셔서 끓여 봤어요."

"엄마가?

이 여사는 심드렁하게 대답했다.

"나는 그런 말을 한 기억이 없는데?"

"패션쇼장에서 지사장님과 대화를 나누시는 걸 들었어요. 지사장님이 식사를 대접하고 싶다고 하니까, 어머니께서 조개 된장찌개를 드시고 싶다고 하셨잖아요."

"흐음…… 그랬었나?"

이 여사가 건성으로 중얼거리며 국물 한 숟갈을 떠올렸다. 국물 맛을 본 이 여사가 순간 멈칫했다. 이지가 불안한 듯 물었다.

"맛이 없으세요?"

"……."

"다른 반찬을 준비할게요."

황급히 일어서는 이지를 향해 이 여사가 툭 내뱉었다.

"됐으니까 그냥 앉아라."

"예?"

"된장찌개를 제법 잘 끓였구나."

"아, 예……."

이지의 얼굴이 모처럼 환해졌다. 주노도 엄마에게 신경써 주는 이지가 고마운지 눈을 마주치며 기분 좋게 웃었다. 한식보다는 양식을 좋아하는 주노였지만 오늘만은 찌개에 밥 한 그릇을 뚝딱 비웠다. 이지도 맛있게 먹었다. 하지만 두 사람과 달리 이 여사만은 표정이 밝지 않았다.

"서둘러요. 이러다 학교 늦겠어요."

이지와 주노는 지각을 피하려고 헐레벌떡 현관으로 향했다. 이때 외출 준비를 마친 이 여사가 두 사람을 불러 세웠다.

"마침 외출하려던 참이니 태워다 주마."

결국 이지와 주노는 이 여사와 함께 차를 타고 학교로 향하게 되었다. 이지가 이 여사를 향해 감사의 인사를 건넸다.

"태워다 주셔서 고맙습니다, 어머니."

"나도 어차피 나오는 길이었는데, 뭐."

"혹시 저도 어머니를 도와드릴 일이 있으면 무엇이든 말씀해 주세요."

"네가 날 도울 일이 뭐가 있겠니?"

이 여사가 쌀쌀맞게 말했지만 이지는 친근하게 미소 지었다.

"잔심부름 같은 거라도요."

"흐음……."

잠시 턱을 만지며 생각하던 이 여사가 히죽 웃었다.

"딱 한 가지 부탁하고 싶은 게 있긴 한데……."

이 여사가 가방에서 서류 봉투를 꺼내 내밀었다.

"이걸 미래 대학교 디자인과의 송 교수님께 전하고, 사인을 받아 올 수 있겠니?"

"사인만 받아 오면 되는 건가요?"

"그래."

"수업 끝나고 가도 상관없죠?"

"물론이지. 오늘 안으로만 사인을 받아 오면 돼."

"그럼 다녀올게요."

주노가 살짝 걱정스런 표정을 지었다.

"나는 오늘 연습이 있어서 같이 못 가. 그래도 괜찮겠어?"

"미래 대학이면 우리 학교에서 멀지도 않은데요, 뭐."

가방에 봉투를 챙겨 넣으며 이지는 심부름을 잘해서 점수 좀 따야 겠다고 결심했다.

"윤이지, 어제 패션쇼는 잘 봤다."
"정말 감동적인 쇼였어."
"특히 런웨이에 철퍼덕 넘어질 때가 대박이었어."
이지가 교실의 자리에 앉자마자 어제 패션쇼에 초대받았던 친구 몇이 다가와 비아냥거렸다. 이지는 입을 꾹 다물고 교과서를 펼쳤다.
"이걸 좀 보시지."
옆자리의 세라가 이지 앞으로 스포츠신문 한 장을 던져주었다. 신문을 펼쳐 보니 이지가 런웨이에 볼썽사납게 엎어져 있는 모습이 대문짝만 하게 실려 있었다. 세라가 이지를 향해 비웃음을 날렸다.
"사진 속 주인공이 3P의 리더였던 하주노의 여자친구라고 찍혀 있는 게 보이지?"
"……."
"기어이 주노 선배의 이름에 먹칠을 했더군. 양심이란 게 있다면 이쯤에서 스스로 물러나는 게 어떠니?"
세라의 냉담한 얼굴을 돌아보며 이지가 차분하게 말했다.
"내가 만약 주노 선배와 헤어진다면 그건 단 한 가지, 선배가 내가 싫어졌다고 말할 때뿐일 거야."
"너 정말 뻔뻔하구나?"

"그런 말을 들어도 할 수 없어. 하지만 내 쪽에서 먼저 선배를 떠나지는 않아."

그 말을 끝으로 이지는 교과서에 시선을 집중했다. 세라의 성난 시선이 옆얼굴에 꽂히는 게 느껴졌다. 주변의 친구들이 세라를 대신해 분통을 터뜨렸다.

"완전 철면피잖아?"

"주노 선배의 사촌동생이라고 거짓말할 때부터 알아봤지."

"윤이지, 부끄러운 줄 알아라."

잔인한 비난이 쏟아졌지만 이지는 묵묵히 견뎠다. 뒷자리의 필립이 그런 이지를 걱정스럽게 쳐다보고 있었다.

수업이 끝나자마자 이지는 도망치듯 학교를 빠져나왔다. 그리고 전철로 여섯 정거장쯤 떨어진 미래 대학으로 향했다. 이지는 물어물어 디자인과의 송 교수를 찾아갔다.

"학생은 누구지……?"

오후의 햇살이 환하게 비추는 교수실 책상에 앉아 노트북을 들여다보던 중년의 교수가 방문을 열고 들어온 이지를 의아한 듯 쳐다보았다. 이지가 고개를 꾸벅 숙이며 씩씩하게 말했다.

"안녕하세요? 이시스의 이아진 회장님의 심부름을 온 윤이지라고 합니다."

"이아진 회장이라고……?"

송 교수의 표정이 굳어지자 이지는 살짝 불안한 마음이 들었다. 그래도 크게 걱정하지는 않았다. 이 여사가 분명 간단한 심부름이라고 하지 않았던가.

송 교수가 퉁명스럽게 물었다.

"그래, 무슨 일이지?"

"여기 이 서류를 검토하신 후, 사인을 부탁한다고 하셨습니다."

"흐음……."

송 교수가 이지에게 건네받은 서류 서너 장을 꺼내 신중하게 읽기 시작했다. 서류를 끝까지 읽은 송 교수가 그것을 책상 위에 던져 놓으며 말했다.

"이 서류에 사인을 받아 오라면서 너처럼 어린아이를 보냈단 말이지?"

"예."

송 교수의 표정이 더욱 불쾌하게 변했다.

"이게 무슨 서류인지 알고는 있니?"

"아니오. 그냥 사인만 받아 오면 된다고 하셔서……."

"후우…… 이 회장님이 대체 무슨 생각인지 모르겠구나. 나는 얼마 전 이 회장님으로부터 이시스의 패션연구소 소장으로 부임해 달라는 요청을 받았단다. 하지만 아직은 결정을 못 내렸으니 며칠만 말미를 달라고 부탁을 드렸지. 그런데 너처럼 아무것도 모르는 아이를 보내서 무조건 계약서에 사인을 하라니, 이게 사람을 모욕하는 짓이 아니고 무엇이겠니?"

"……!"

이지는 놀란 표정을 지었다. 간단한 심부름인 줄 알았는데, 어린 자신이 도저히 할 수 없는 일을 시킨 것이다. 자신을 향해 의미심장하게 미소 짓던 이 여사의 얼굴을 떠올리며 이지는 서글픈 기분이 들었다.

'어머니는 내가 그렇게까지 싫으신 걸까?'

골똘히 생각에 잠겨 있는 이지를 향해 송 교수가 조금 누그러진 목소리로 물었다.

"이 회장님과는 어떤 사이니?"

"제 남자친구의 어머니세요. 오늘 아침 학교에 태워다 주시면서 심부름을 시키시기에 이렇게 찾아뵙게 되었고요."

"흐음, 아들의 여자친구에게 왜 이런 심부름을 시켰는지 모르겠군. 어쨌든 사인은 해줄 수가 없구나. 서류를 돌려줄 테니, 이 회장님께 나중에 다시 상의하자고 말씀드리렴."

"으음……."

입술을 지그시 깨물고 고민하다가 이지는 어렵게 입을 열었다.

"저어…… 죄송하지만 서류에 사인을 해주시면 안 될까요?"

"그게 무슨 소리야? 이건 너 같은 어린아이가 찾아와 사인 받을 내용이 아니라고 말했잖니?"

"하지만 저는 꼭 사인을 받아 가야만 해요. 그래야 남자친구와의 사이를 인정받을 수 있단 말이에요."

"대체 무슨 말인지 모르겠구나?"

황당한 듯 이지를 쳐다보던 송 교수가 책을 챙겨 일어섰다.

"지금부터 수업에 들어가야 하니, 너도 어서 집으로 돌아가렴."

방문을 열고 나가는 송 교수의 뒷모습을 이지가 멍하니 쳐다보았다. 방문이 닫히는 순간, 이지는 땅이 꺼져라 한숨을 내쉬었다. 송 교수의 말대로 이건 자신이 할 수 있는 일이 아닌 것 같았다. 이지가 책상 위에 놓인 서류 봉투를 들고 돌아섰다. 방문을 열고 나가려던 이지가 문득 멈칫했다. 그리고 다시 교수실을 돌아보았다. 가만히 보니, 교수실은 좀 심하다 싶을 정도로 지저분했다. 책상 위에는 책과 서류들이 널려 있었고, 바닥에는 먼지와 쓰레기가 수북했다.

"이대로 물러서면 어머니한테 항복한다는 뜻이잖아? 내가 얼마나 끈질긴 아이인지 한 번쯤 보여드리는 것도 나쁘지는 않겠지."

"이, 이게 뭐야?"

교수실로 돌아온 송 교수는 깜짝 놀랐다. 대학 내에서 지저분하기로 유명한 자신의 방에서 반짝반짝 윤이 나고 있었기 때문이다. 거짓말처럼 깨끗해진 방 한복판에 한 소녀가 땀투성이 얼굴로 서 있었다. 그녀의 손에 걸레가 들려 있는 것으로 보아 이 방을 청소한 장본인이 분명해 보였다.

"너어…… 집에 가랬더니 여기서 뭘하고 있었니?"

"교수님 방이 너무 지저분하기에 청소를 좀 해 드렸어요. 제가 이래 봬도 청소 하나만큼은 자신 있거든요."

소녀가 자신의 등 뒤에서 비추는 햇살처럼 환하게 미소 지었다. 그 미소가 너무 천진해서 송 교수는 화를 내는 대신 피식 웃어 버리고 말았다. 소녀 앞으로 다가간 그가 손바닥을 내밀었다.

"이 회장님이 보냈다는 그 서류 다시 한 번 보자꾸나."

"어머니, 송 교수님께 사인을 받아 왔습니다."

땀을 뻘뻘 흘리며 저택으로 돌아온 이지가 서류 봉투를 내밀자, 일층 거실의 소파에 앉아 노을을 감상하던 이 여사는 적잖이 당황했다. 송 교수의 까칠한 성격을 누구보다 잘 알고 있는 그녀는 이지가 절대로 성공하지 못하리라 확신했던 것이다.

"송 교수가……, 사인을 해줬다고?"

"예, 흔쾌히 해주시던걸요."

이 여사가 서류를 자세히 들여다보았다. 과연 송 교수의 사인이 확실했다. 계약서와 이지의 얼굴을 번갈아 보던 이 여사가 부러 퉁명스럽게 말했다.

"대체 뭘 어떻게 한 거니?"

"실은 처음에는 안 된다고 하셨어요."

"그런데?"

"교수님이 수업하러 나가신 후에 지저분한 교수실을 청소해 드렸죠. 눈이 휘둥그레질 정도로 깨끗하게 해 드렸더니, 결국엔 사인해 주시던걸요."

"으음……."

이 여사는 입을 굳게 다문 채 싱글벙글 웃는 이지의 얼굴을 바라보았다. 단순히 청소를 해줬기 때문에 송 교수같은 사람이 어린아이가 들고 온 서류에 사인해줬을 리는 없다. 그는 아마도 이지에게서 무언가 숨겨진 면모를 보았을 것이다. 어린 나이와는 어울리지 않는 강인한 의지와 순수한 열정 같은 것 말이다. 이 여사도 이번만큼은 이지를 인정할 수밖에 없었다.

'안 되지, 안 돼. 이 정도로 우리 주노를 포기할 수는 없지.'

이 여사가 약해지려는 마음을 다잡으며 고개를 설레설레 흔들었다. 이 여사가 차가운 목소리로 말했다.

"어쨌든 고생했으니 상을 줘야겠구나. 내일 나와 함께 저녁식사나 하자꾸나."

"어머니와 저 둘이서요?"

때마침 현관문이 열리며 주노가 들어섰다.

"둘이서만 어딜 간다고요?"

이 여사가 이지의 옆에 털썩 주저앉는 주노를 향해 빙긋 웃었다.

"셋이 함께 가는 거야. 주한 프랑스 대사께서 우리 가족을 초대해 주셨거든."

"프랑스 대사관에 저녁을 먹으러 간다고요……?"

이지의 표정이 불안하게 변했다.

다음 날 저녁, 이지와 주노는 이 여사의 차를 타고 프랑스 대사관으로 향했다. 주노도 멋지게 차려입었고, 이지는 얼마 전 이 여사에게 선물 받은 원피스 차림이었다.

본관 현관 앞에 차가 멈추자 이지와 주노는 이 여사를 따라 내렸다. 현관 앞에서 온화한 느낌의 대사 부부가 직접 이 여사를 맞이했다. 대사 부부와 이 여사는 원래 친분이 두터운 듯 서로의 볼에 키스하며 유창한 프랑스어로 인사를 나누었다.

이 여사가 대사 부부에게 주노와 이지를 차례로 소개했다. 주노는 능숙한 프랑스어로 대사 부부와 인사를 나누었지만 프랑스어를 단 한 마디도 할 줄 모르는 이지는 어색하게 웃으며 고개만 꾸벅 숙였다. 대사 부부가 세 사람을 안쪽으로 안내하려는 순간, 또 다른 고급 승용차 한 대가 멈춰 섰다. 운전기사가 황급히 뒷문을 열어주는 순간, 놀랍게도 우아한 드레스 차림의 세라가 내렸다.

"저 아이는 여기 왜 왔죠?"

황당한 표정을 짓는 주노를 향해 이 여사가 대수롭지 않다는 듯 설명했다.

"실은 며칠 전 세라 양에게 작은 신세를 진 일이 있단다. 그 보답을 할 겸 저녁식사에 초대했지. 같은 반 친구니까 상관없겠지, 이지 양?"

"예? 아, 예."

이지로선 고개를 끄덕일 수밖에 없었다. 하지만 불안감이 먹물처럼 번지는 것은 어쩔 수는 없었다. 그녀의 마음을 알아차렸는지 주노가 이지의 차가워진 손을 꼭 잡아주었다. 이지가 애써 미소 지으며 주노를 올려다보았다.

"안녕하세요, 어머니?"

"오, 세라 양. 어서 와요."

세라가 밝은 표정으로 이 여사에게 인사를 건넸다. 이 여사가 대사 부부에게 세라를 소개하자, 그녀는 능숙한 프랑스어를 구사하며 대사 부부의 뺨에 입을 맞춰 이지의 기를 확실히 꺾어놓았다. 아무리 신경 쓰지 않으려고 해도 세라의 발랄하고 자신감 넘치는 모습은 이지를 주눅 들게 만들었다. 그늘이 드리운 이지의 얼굴을 힐끔거리던 이 여사가 대사 부부와 함께 현관 안으로 들어갔다.

"자, 이제 들어가자꾸나."

주노와 이지, 세라도 이 여사를 따라 걸음을 옮겼다.

온통 하얗게 꾸며진 엔틱한 분위기의 방에서 유일하게 검은색인 식탁 위에 프랑스식 성찬이 차려져 있었다. 대사 부부와 이 여사, 주노, 이지, 세라는 기다란 식탁에 둘러앉아 식사를 했다. 요리는 하나같이 훌륭했지만 이지는 바늘방석에 앉아 있는 듯 불편했다. 어느 순간부터 대사 부부와 이 여사, 주노, 세라가 프랑스어로만 대화를 나누고 있었기 때문이다.

농담이 오가는 듯 간간이 웃음소리가 새어나올 때마다 이지는 흠칫 놀라며 어색하게 따라 웃었다. 손바닥에 땀이 차고, 음식 맛을 느낄

헛된 노력

수가 없었다. 사람들이 꼭 자신을 비웃는 것만 같아 견디기 힘들었다. 맞은편에 앉은 세라가 냉담한 눈빛으로 바라보곤 해서 그녀를 더욱 곤혹스럽게 만들었다.

세라가 대사 부부에게 무슨 말인가를 속삭이자, 부부는 신이 나서 손뼉을 마주쳤다. 대체 무슨 일이 벌어지는지 몰라 어리둥절한 이지에게 오른쪽에 앉아 있던 주노가 작은 소리로 설명했다.

"방금 세라가 프랑스어 농담을 한 마디씩 해보자고 제안했어. 대사께서 매우 재미있겠다고 하시는군."

"하, 하지만 나는 그런 거 몰라요."

주노가 빠르게 프랑스어 농담 한 가지를 알려주었다.

"Qu'est-ce qui a 124 dents et 2 yeux? Un crocodile. Qu'est-ce qui a 124 yeux et 2 dents? Un autobus de personnes agees."

"무슨 뜻이에요?"

"이빨이 124개, 눈이 둘인 것은? 악어. 눈이 124개, 이빨이 둘인 것은? 노인들만 탄 버스."

"그게 농담이에요?"

"프랑스 사람들한테는 제법 알려진 농담이야. 그러니까 무조건 발음만 외워서 하도록 해. Qu'est-ce qui a 124 dents et 2 yeux? Un crocodile. Qu'est-ce qui a 124 yeux et 2 dents? Un autobus de personnes agees."

"Qu'est-ce qui a 124 dents et 2 yeux? Un crocodile. Qu'est-ce qui a 124 yeux et 2 dents? Un autobus de personnes agees."

이지가 간신히 주노를 따라 되뇌었다. 하지만 뜻도 잘 모르는 꼬부랑말이 짧은 시간에 입에 붙을 리 없었다. 세라와 대사 부부 그리고 이 여사까지 농담을 한 가지씩 던져 식탁을 웃음바다로 만들었다. 그리고 마침내 이지의 순서가 되었다. 대사 부부와 세라, 이 여사, 주노의 시선이 일제히 이지에게 집중되었다. 순간 이지는 머릿속이 하얘지며 주노가 알려준 프랑스 농담을 까맣게 잊고 말았다.

"Qu'est-ce qui…… a 124 dents et…… et……."

대사 부부가 당황하기 시작했다. 세라는 아예 노골적으로 이지를 비웃었고, 이 여사의 얼굴에도 세라와 비슷한 표정이 떠올랐다. 마지막으로 주노의 얼굴을 확인한 이지는 절망했다. 자신을 지켜보는 주노의 표정이 차갑게 굳어 있었기 때문이다.

'아…… 결국 어려서부터 귀족 교육을 받은 세라와 나는 근본부터 다른 아이구나.'

이지는 아찔한 현기증과 함께 구토 증상을 느꼈다. 당장이라도 토할 것만 같아 자리를 박차고 일어섰다.

우장창!

"꺄악!"

급히 자리를 벗어나려던 이지는 너무 서두르는 바람에 앞에 놓여 있던 스프를 이 여사의 무릎 위에 쏟고 말았다. 이 여사가 비명을 지르며 일어섰다. 주노와 세라 그리고 메이드들이 냅킨을 들고 달려와 스프를 닦아내느라 한바탕 소동을 벌였다. 이지는 반쯤 넋이 나간 얼굴로 소동을 지켜보고 있었다. 마치 먼 나라에서 벌어지는 일처럼 이지의 귀에는 여러 사람이 지르는 고함이 모기 소리처럼 희미하게 들렸다. 이지는 천천히 몸을 돌려 방을 빠져나갔다. 이 여사에게 신경을 쓰느라 누구도 그녀가 사라지는 것을 알아차리지 못했다.

"어라, 이지가 어디로 사라졌지?"

한참만에야 주노는 여자친구가 사라졌음을 깨달았다. 서둘러 방에서 나가려는 주노의 팔을 이 여사가 붙잡았다.

"소란만 일으키는 그런 아이는 내버려두렴."

"이거 놓으세요!"

주노가 거칠게 손을 뿌리치고는 방 밖으로 달려 나갔다.

"이지야! 윤이지?"

주노가 대사관 정원을 뛰어다니며 여자친구의 이름을 애타게 불렀지만 어디에서도 그녀의 모습은 보이지 않았다.

2
휴식이 필요해

이지는 어두워지기 시작한 거리를 걸었다. 프랑스 대사관이 있는 서대문에서 서울역 방향의 거리는 조금 쓸쓸한 느낌이 들 정도로 한산했다. 후덥지근한 저녁 바람이 거리를 떠돌았다. 귓속에서 위잉, 하는 이명이 들리는 것 같았다. 귀 울림 때문인지 허공을 둥둥 떠 가는 기분이었다. 빨리 엄마와 아빠가 있는 집으로 돌아가고 싶었지만 어떻게 해야 집으로 갈 수 있는지 떠오르지 않았다.

손에 들고 있던 핸드폰이 진동했다. 이지가 걸음을 멈추고 화면을 확인했다. 주노로부터 걸려온 전화였다. 잠시 망설이다가 받지 않기로 했다. 주노를 좋아하게 된 이후 그의 목소리가 듣고 싶지 않은 것은 처음이었다. 진동은 한참만에야 끊겼다. 핸드폰을 든 채 멍하니 서 있던 이지가 누군가의 번호를 눌렀다. 한동안 신호음이 울리는가 싶더니, 핸드폰 너머에서 목소리가 흘러나왔다.

"여보세요? 이지니? 너, 혹시 울고 있는 거야? 대체 무슨 일이야? 거기 지금 어디야?"

필립은 그야말로 바람처럼 이지 앞에 나타났다. 택시에서 내리자마자 필립은 서울역 광장에 멍하니 서 있는 이지를 발견했다. 재빨리 다가가며 필립은 한여름인데도 이지가 추워 보인다고 생각했다. 필립이 바로 앞에 멈춰 섰지만 이지의 눈은 여전히 먼 곳을 응시하는 것 같았다.

"이지야."

"……."

필립이 조심스럽게 불러보았지만 이지는 듣지 못하는 것 같았다.

"윤이지!"

"으…… 응."

필립이 어깨를 움켜잡았을 때에야 이지의 눈에 초점이 돌아왔다. 이지가 필립을 보며 힘없이 미소 지었다.

"필립, 와주었구나? 꼭 이럴 때만 불러내서 미안."

"무슨 바보 같은 소리야. 이럴 때 나를 부르지 않으면 누굴 부르겠어. 그런데 대체 무슨 일이니?"

"……."

필립의 물음에 입술을 파르르 떨던 이지의 눈에서 기어이 눈물방울이 떨어졌다.

"나, 나는 아무래도 주노 선배의 여자친구가 될 자격이 없는 모양이야. 자꾸 선배와 주위 사람들한테 짐만 되는 것 같아서 견딜 수가 없어. 필립, 나는 왜 이렇게 못난 걸까?"

이지가 참았던 눈물을 왈칵 터뜨렸다. 어린아이처럼 서럽게 우는 이지를 지켜보며 필립은 주먹을 와락 쥐었다. 또 하주노 때문에 이지가 우는 것이다.

'하주노 이 자식, 싫다는 이지를 억지로 데려갈 땐 언제고……!'

이지를 살며시 안아 주며 필립은 두 번 다시는 하주노처럼 무책임한 녀석에게 이지를 맡기지 않겠다고 결심했다.

그날 필립은 이지를 집으로 데려갔다. 마침 다음 날이 개교기념일, 그 다음 날이 공휴일이고 곧장 주말인지라 나흘간의 황금연휴였다. 시골 할아버지의 농장에 갈 계획을 세워 두고 있던 필립은 이지에게도 함께 가자고 했다. 고민 끝에 이지는 필립의 제인을 받아들이기로 했다.

이지는 집에 전화를 걸어 엄마에게 허락부터 받았다. 주노에게는 알리지 않았고, 엄마에게도 혹시 연락이 와도 알려주지 말라고 당부했다.

"주노 녀석이 또 못 되게 굴디? 이 녀석 정말 못 쓰겠구나, 응? 이지야, 너는 괜찮은 거니?"

분통을 터뜨리는 엄마를 달래느라 이지는 한바탕 곤욕을 치렀다.

청장님과 제니, 애니 언니는 이지에게 아무것도 묻지 않았다. 이지는 다시 한 번 필립 가족의 배려에 감사하며 지친 몸을 침대에 눕힐 수 있었다.

다음 날 아침 일찍 이지와 필립은 KTX를 타고 밀양으로 향했다. 그곳에 필립 할아버지의 농장이 있는 것이다. 하늘에는 먹구름이 잔뜩 끼어 한밤중처럼 어두컴컴했다. 차창 밖을 바라보며 이지는 자신의 마음이 저 하늘처럼 무겁게 가라앉아 있다고 생각했다. 왠지 오늘이 지나면 두 번 다시 주노를 만날 수 없으리란 불길한 예감이 이지를 사로잡았다.

이때 메세지가 들어왔다는 신호음이 울렸다. 핸드폰을 확인한 이지는 주노로부터 서른여덟 번째 문자가 도착했음을 알았다. 이지는 내용을 확인해 보지도 않고 다 지워버렸다. 눈을 질끈 감는 이지의 얼굴을 필립이 걱정스럽게 쳐다보았다.

이지에게 보낸 서른여덟 번째 문자마저 반응이 없자 주노는 거의 미칠 지경이 되었다. 주노가 다시 핸드폰을 귀에 대고 저택 거실을 초조하게 서성였다. 신호음이 끈질기게 울렸지만 이지는 받지 않았.

"대체 어디서 뭘하고 있는 거야?"

화가 치민 주노가 소파에 핸드폰을 집어던지며 소리를 질렀다. 머리카락을 쓸어 넘기며 씩씩대던 주노가 다시 핸드폰을 집었다. 그리고 어디론가 급히 전화를 걸었다. 이번에는 다행히 상대방이 전화를 받았다.

"여보세요?"

"안녕하세요, 어머니? 주노입니다."

"주노 학생이 웬일로 이 시간에 전화를 다 걸었을까?"

이지 엄마의 목소리가 싸늘하게 변해 있었다.

"아침 일찍 죄송합니다. 실은 지난밤에 이지가 들어오지 않아서요. 혹시 이지가 집으로 갔나요?"

"우리 집에도 이지는 없어."

"그럼 대체 어디로 갔을까요?"

"그걸 왜 나한테 묻지? 이지가 계속 메이드로 일할 수 있게 해 달라며 억지로 데려간 사람은 주노 학생 아니었나? 더 이상 말하고 싶지 않으니 이만 끊겠어."

"어머니! 어머니!"

전화가 끊긴 핸드폰을 들여다보며 주노는 깊은 절망에 빠졌다. 이지가 자신의 주변에서 완전히 사라졌다고 생각하자 상상 이상의 혼란과 고통이 엄습했다. 자신을 둘러싼 모든 것이 헝클어지고 엉망진창이 되어 버린 느낌이었다.

"윤이지, 대체 어디로 사라져 버린 거니……?"

소파에 주저앉은 주노가 팔등으로 눈을 가린 채 중얼거렸다. 이때 이 여사의 목소리가 들려왔다.

"마치 세상이 끝장난 것처럼 행동하는구나?"

주노가 팔을 내리고 커피 잔을 든 채 맞은편에 앉는 이 여사를 쳐다보았다. 이 여사가 커피를 홀짝이며 주노의 눈을 응시했다.

"솔직히 너와 이지는 처음부터 어울리지 않았어. 어제만 해도 대사님 앞에서 어찌나 창피하던지, 원."

"내가 모른다고 생각했어요?"

"뭐?"

엄마를 바라보는 주노의 눈빛이 적대적으로 변했다.

"엄마가 이지에게 잘해주는 척하면서 실은 그 아이를 무시하고 곤경에 빠뜨린 걸 까맣게 모르는 줄 알았냐고요?"

"주노야, 그게 무슨 소리야? 내가 일부러 그랬다니? 엄마의 인격을 어떻게 보고……."

"나도 엄마의 인격을 믿고 싶었어요! 그래서 이지에게도 무조건 믿으라고 말했어요!"

"……!"

"그 아이가 얼마나 괴로운지 뻔히 알면서도 엄마와 친해지기 위해 더 노력하라고 했다고요! 내가 왜 그랬는지 아세요?"

사나운 눈빛으로 자신을 쏘아보는 주노의 얼굴을 이 여사가 질린 듯 바라보았다. 아들이 저런 눈빛으로 자신을 바라본 적은 없었던 것이다. 주노의 억누르는 듯한 목소리가 들려왔다.

"모처럼 나한테 관심을 가져 주는 엄마를 실망시키고 싶지 않았기 때문이에요. 그래서 엄마가 이지를 괴롭히는 걸 알면서도 외면하고 그 아이만 닦달했어요. 어려서부터 한 번도 받지 못한 엄마의 사랑을 이제라도 받고 싶어서 그 착한 아이를 배신했다고요. 아시겠어요? 내가 이지한테 무슨 짓을 했는지!"

"……!"

이 여사가 충격 어린 눈으로 아들의 얼굴을 멍하니 응시했다. 분노와 자책이 뒤섞인 얼굴로 이 여사를 째려보던 주노가 천천히 자리에서 일어섰다.

"어딜 가려고?"

"너무 늦기 전에 이지를 찾아봐야죠."

"주노야, 기다려!"

이 여사가 급히 불렀지만 아들의 모습은 이미 현관 밖으로 사라진 후였다.

주노가 애마인 흰색 스쿠터를 몰고 이지의 집으로 향했다. 다세대 주택의 초인종을 누르자 이지의 엄마가 문을 열었다가 문 밖에 서 있는 주노를 발견하고 재빨리 문을 닫으려고 했다. 주노가 문고리를 잡으며 급히 소리쳤다.

"어머니, 이지가 어디 있는지만 가르쳐 주세요!"

"미안하지만 절대 가르쳐줄 수 없어."

"어머니!"

"지난번에 주노 학생 대신 기자들에게 시달리며 이지가 얼마나 힘들었는지 알아? 그래서 나는 이지에게 주노 학생처럼 이기적인 친구와는 사귀지 말라고 말했어. 이지만 상처 입을 게 분명하니까. 그런데도 이지는 결국 주노 학생에게 돌아갔지. 그런 이지가 스스로 떠날 결심을 했다면 주노 학생이 얼마나 못되게 굴었다는 뜻이겠어? 부탁인데 다시는 우리 이지를 찾지 말아줘."

말을 마치자마자 이지의 엄마가 문을 쿵 닫아버렸다.

"어머니! 어머니!"

주노가 주먹으로 문을 마구 두드렸지만 결코 열리지 않았다. 이웃들의 항의를 들은 후에야 주노는 어깨를 축 늘어뜨린 채 건물 밖으로 나왔다.

주노는 힘없이 고개를 들고 어두운 하늘을 올려다보았다. 회색 구름이 낮게 깔린 하늘은 그의 마음만큼이나 무거워 보였다. 주노는 문득 이지가 자신의 주위에서 영영 사라지면 어떻게 될까 상상해 보았다. 단지 상상만으로도 심장이 쿵쾅거리고 손바닥에 땀이 고였다. 마치 심해로 가라앉은 전설의 도시처럼 세상 전체가 고요해질 것이라고 주노는 생각했다. 지나치게 조용한 그 세계에선 진심으로 웃을 일도, 행복한 기분을 느낄 일도 없으리라. 주노는 갑자기 가슴이 답답해졌다. 호흡이 가빠지며 주변 풍경이 빙글빙글 회전하기 시작했다. 고층 빌딩들과 그 아래 거리를 걷는 행인들이 괴상하게 비틀어져 보였다.

"훅…… 후욱……."

가까스로 숨을 몰아쉬며 주노는 걸음을 옮겼다. 어떻게든 이지를 찾아야 하는 것이다.

구름 사이로 해가 얼굴을 비추기 시작할 때, 이지는 필립 할아버지의 농장에 도착했다.

"와아……!"

농장에 들어서며 이지는 저도 모르게 감탄사를 발했다. 완만한 산등성이에 자리한 농장은 서부 영화 속의 목장처럼 푸른 초원이 드넓게 펼쳐져 있었다. 그 초원 위에서 양 떼와 젖소들이 한가롭게 풀을 뜯고 있었다. 때마침 구름이 완전히 걷히며 햇살이 환하게 비추자, 눈 부시게 아름다운 초원이 펼쳐지며 풀 향기를 머금은 싱그러운 바람이 이지와 필립을 향해 불어왔다.

"자, 이렇게 한 번 해 봐."

필립이 양팔을 활짝 벌리며 눈을 지그시 감고 바람에 몸을 맡겼다. 이지도 필립을 따라 바람을 음미했다. 답답했던 가슴이 뻥 뚫리는 기분이었다. 필립이 눈을 뜨고 이지를 돌아보았다.

"어때, 오길 잘했지?"

"응."

이지도 모처럼 웃으며 고개를 끄덕였다. 자신과 시선을 마주치고 있는 필립을 보며 이지는 만약 이 친구가 없었다면 어땠을까 생각해

보았다. 단지 생각만으로도 몸이 차가워지는 것 같았다. 필립은 어느새 없어서는 안 될 존재가 되어 있었던 것이다. 이때 필립이 곤란한 표정을 지으며 옆머리를 긁적였다.

"실은 아직 말하지 않은 게 있는데……."

"응, 뭔데?"

"우리 아빠의 성격이 좀 독특하잖아."

청장님의 얼굴을 떠올린 이지가 피식 웃었다.

"청장님이 재미있긴 하시지."

"우리 할아버지도 조금 독특하셔. 이지가 놀라기 전에 미리 귀띔해 주는 거야."

"나는 왠지 필립의 할아버지가 굉장히 기대되는데."

"글쎄, 막상 만나 보면 생각이 달라질걸."

순간 농장 전체가 떠나갈 듯한 웃음소리가 들려왔다.

"음핫하하! 우리 손자며느리가 도착했구나!"

이지와 필립이 흠칫 놀라며 소리 나는 쪽으로 향했다. 웬 노인이 사륜 오토바이를 몰고 달려오는 게 보였다. 보통 키에 마른 체형의 노인은 머리가 훌러덩 벗겨졌다. 그런데 노인의 차림새가 독특했다. 도사님처럼 팔자 수염을 길게 기른 노인은 짙은 선글라스를 착용하고 있었다. 그리고 큼직한 꽃무늬가 새겨진 알로하셔츠에 반바지, 거기에 장화를 신고 있었다.

끼이익!

"히익!"

노인이 폭주족처럼 바로 앞에서 급정거하자 필립이 이지의 허리를 안으며 화들짝 물러섰다. 노인이 놀란 토끼 눈을 하고 있는 이지와 필립을 가리키며 히죽 웃었다.

"여자친구의 안전부터 챙기는 모습이 멋졌다. 하하하하! 과연 우리 손자답구나."

필립이 할아버지를 향해 빽 소리쳤다.

"간 떨어질 뻔했잖아요!"

필립의 할아버지가 대수롭지 않다는 표정으로 오토바이에서 내렸다.

"그 정도론 간이 떨어지지 않으니 걱정 마라. 아가씨가 나의 손자며느리 후보인 윤이지 양? 만나서 반갑구먼."

할아버지가 내민 손을 잡으며 이지가 고개를 숙였다.

"아, 안녕하세요?"

"그나저나 필립과는 언제 결혼할 생각이냐? 필립은 우리 집안의 삼대독자인지라 후딱 결혼시켜 증손자를 보고 싶다만."

"저와 필립은 어디까지나 친구로서……."

"친구가 애인이 되고, 애인이 부부가 되는 것 아니겠느냐? 요즘 애들답지 않게 뭘 부끄러워하고 그러니, 응?"

"하하……."

이지는 정신이 하나도 없어 억지로 웃음을 흘렸다. 필립의 말대로 그의 아빠와 할아버지는 어딘지 매우 닮아 보였다. 필립이 다시 항의했다.

"할아버지, 이상한 말씀 말랬죠?"

"정 그렇다면 결혼 얘기는 천천히 할 테니, 일단 집으로 가자."

할아버지가 사륜 오토바이에 올라탔다. 이지와 필립도 뒷자리에 탔다. 할아버지가 요란한 굉음을 내며 오토바이를 출발시켰다.

"꽉 잡아라! 떨어져도 책임 안 진다! 빠라바라 바라밤~"

풀로 덮인 언덕을 넘어가자 평평한 공터 한 복판에 서 있는 이층짜리 빨간 벽돌집이 보였다. 흰색 창이 달린 벽돌집은 동화 속에 나오는 집처럼 예뻤다. 할아버지가 현관 앞에 오토바이를 세웠다.

"다 왔으니 내려라."

현관문이 열리며 온화한 느낌의 통통한 할머니가 앞치마를 두른 채 나왔다. 할머니를 발견한 필립이 양팔을 활짝 벌리고 달려갔다.

"할머니!"

"어이쿠~ 필립이 왔구나!"

할머니에게 어린애처럼 안겨 있는 필립을 이지가 흐뭇하게 바라보았다. 필립을 떨어뜨리며 할머니가 이지에게로 시선을 옮겼다.

"혹시 저 아이가……?"

할아버지가 이지의 어깨를 툭 쳤다.

"우리 손자며느리 후보 윤이지."

이지와 필립이 입을 모아 고함쳤다.

"아니라고 했잖아요!"

할머니가 인자하게 웃으며 이지와 필립을 집안으로 안내했다.

"일단 짐부터 풀자꾸나."

집안은 꼭 산장 같은 분위기였다. 일 층은 공간을 나누지 않고 거실을 최대한 넓혔다. 사방의 창을 통해 햇빛이 쏟아지는 거실 한복판에 놓인, 원목을 깎아 만든 육중한 앉은뱅이 탁자가 가구의 전부였다. 거실 한쪽으로 잘 정돈된 주방이 보였다. 할머니의 깔끔한 성격을 충분히 짐작할 수 있었다. 삐걱거리는 나무 계단을 밟고 이지와 필립은 이 층으로 올라갔다.

"이곳이 너희가 묵을 방이다."

"와아……!"

할아버지가 방문을 열어젖히는 순간, 이지는 감탄사를 발했다. 다락방처럼 생긴 방의 천장은 통유리로 되어 있어 하늘이 그대로 보이고 창문 바로 아래 두 개의 침대가 나란히 놓여 있었다. 저 침대에 누워 밤하늘의 별들을 헤아리며 잠든다면 천상에 와 있는 기분이 들 것이다. 가만, 그런데 왜 침대가 두 개지?

"방금 뭐라고 하셨어요? 저희들의 방이라고 하셨나요?"

불안한 표정으로 묻는 이지를 향해 할아버지와 할머니가 당연하다는 듯 고개를 끄덕였다.

"머지않아 부부가 될 텐데, 방을 따로 쓸 필요가 있겠니?"

이지는 항변할 기운도 남지 않아 한숨을 푹 쉬며 필립을 보았다. 필립이 쑥스럽게 웃었다.

"여긴 원래 누나들이 쓰는 방이야. 옆에 내가 묵던 방이 있어. 그러니까 너무 걱정하지 마."

곧 점심을 준비할 테니 씻고 내려오라는 말을 남기고 두 분은 사라졌다. 이지는 방문을 닫고 들어와 침대에 벌러덩 누웠다. 머리 위의 통유리를 통해 구름 한 점 없는 하늘이 보였다. 이렇게 누워 있으니 마치 하늘을 둥둥 떠 가는 기분이었다. 서울로부터 멀리 떨어졌다는 기분 때문일까? 이지는 우울했던 마음이 조금은 치유되는 것 같았다. 이대로 계속 누워 있으면 잠이 들 것만 같아 억지로 몸을 일으켰다. 그리고 욕실 문을 밀고 들어갔다.

"대박……!"

욕실로 들어간 이지의 입에서 다시 한 번 감탄사가 흘러나왔다. 깨끗한 욕실의 정면 창을 통해 탁 트인 초원이 보였다. 나무로 만든 욕조에는 따뜻한 물이 찰랑거리고 있었다. 그리고 욕조 머리맡에 놓여 있는 페퍼민트 화분 하나. 이지는 옷을 벗고 욕조 속에 누웠다. 욕조에 누워 푸른 초원을 바라보고 있자니, 주노와 이 여사도 깨끗이 잊을 수 있을 것만 같았다. 물속에 얼굴을 담그며 이지는 적어도 이곳에서만은 주노에 대해 잊어버리자고 결심했다.

목욕 후 일 층으로 내려오니 진수성찬이 차려져 있었다. 오븐에서 갓 구워낸 피자와 빵, 신선한 우유와 치즈, 직접 재배한 채소로 만든 샐러드 등이 탁자를 그득 채우고 있었다. 이미 탁자에 둘러앉아 있던 할아버지, 할머니와 필립이 손짓을 했다.

"빨리 와서 앉으렴."

"피자를 직접 구우신 거예요?"

할머니가 피자를 한 조각 잘라주며 대답했다.

"농장에서 만든 치즈를 얹은 피자라 특별히 맛있을 거야."

"잘 먹겠습니다."

피자를 한 입 베어 물며 이지가 눈을 동그랗게 떴다.

"우와…… 배달시켜 먹던 피자와는 차원이 달라요."

"그렇지? 빵과 치즈도 먹어 보렴."

이지가 막 구워낸 빵에 치즈를 발랐다. 빵은 씹기도 전에 스르륵 녹아서 목구멍 안으로 사라졌다. 우유 맛도 마트에서 구입한 것과는 차이가 났다. 샐러드까지 맛본 이지가 갑자기 울상을 지었다.

"큰일 났어요."

"왜 그래?"

걱정스런 듯 묻는 필립을 보며 이지가 엄살을 부렸다.

"농장을 떠날 때는 틀림없이 돼지가 되어 있을 거야."

"껄껄껄! 우리 손자며느리는 빼빼 말라서 살이 좀 붙으면 더 예쁠 게다!"

호탕하게 웃는 할아버지를 보며 이지도 빙그레 미소를 지었다.

그날 오후, 이시스의 서울지사에 들러 회의를 하고 있던 이 여사에게 한 통의 전화가 걸려왔다. 주노의 기획사 송 사장이었다.

"안녕하십니까, 이 회장님?"

"송 사장님, 오랜만이네요? 그런데 무슨 일로?"

"실은 주노 때문에 전화 드렸습니다. 이번 주 토요일 주노가 NBC 방송국 뮤직스타에서 복귀 무대를 갖는 걸 알고 계십니까?"

"알고 있습니다만."

"한창 연습을 해야 하는데, 주노가 핸드폰까지 꺼놓은 채 연습실에 나타나지 않고 있습니다."

"으음……."

이 여사가 골치 아프다는 듯 손으로 이마를 짚었다.

"주노에게 혹 무슨 일이 생긴 겁니까?"

"그건 아니에요. 제가 주노를 찾아서 데려갈 테니, 조금만 기다려주세요."

이 여사가 통화를 끝내고 굳은 얼굴로 자리에서 일어섰다.

저택의 거실로 들어서던 이 여사가 멈칫했다. 창가 쪽 소파에 미동도 않고 앉아 있는 주노를 발견했기 때문이다. 이 여사는 오늘따라 아들의 모습이 낯설어 보인다고 생각했다. 소파에 몸을 깊숙이 묻은 채 멍하니 창밖을 응시하는 아들에게선 폭발 직전의 고요함 같은 게 느껴졌다.

"후우……."

낮은 한숨을 내쉬며 이 여사가 주노를 향해 다가갔다. 이 여사가 맞은편에 앉아도 주노는 아무런 반응이 없었다.

"오늘 연습이 있다며?"

"……."

"송 사장이 전화했더라. 너와 연락이 안 된다며 걱정하더구나."

"……."

"주노야, 이번 솔로 복귀를 위해 네가 얼마나 노력했는지 알고 있단다. 그깟 여자아이 하나 때문에 모든 노력이 수포로 돌아간다면 아깝지 않겠니?"

그제야 주노가 이 여사의 얼굴을 보았다. 주노의 냉담한 눈동자를 마주하며 이 여사는 움찔했다. 주노가 낮게 깔리는 소리로 말했다.

"그깟 아이라고요? 하긴 엄마 눈엔 이지가 그런 아이로밖에는 보이지 않겠죠. 그런데 어쩌죠? 그 대단하지도 않은 아이가 사라져버리자 나는 복귀고 뭐고 다 귀찮아져버렸는데요."

"주노야!"

"엄마를 위해서 화려하게 복귀하고 싶었어요! 엄마의 아들이 잘 할 수 있다는 걸 보여 주고 싶었어요!"

자리를 박차고 일어선 주노를 향해 이 여사가 설득조로 말했다.

"그래, 그러면 되는 거야. 네 곁에는 엄마가 있잖니?"

주노의 입가에 냉소적인 미소가 떠올랐다.

"아뇨, 엄마는 내 옆에 있지 않았어요. 어려서부터 엄마는 늘 나보다는 일이 먼저였죠. 외로움에 길들여진 나를 따뜻하게 감싸준 것은 이지였어요. 그런데 나는 바보처럼 그것도 모르고······."

"······!"

이 여사가 충격 어린 눈으로 아들의 얼굴을 올려다보았다. 그녀는 아들이 늘 자신으로부터 더 많은 사랑을 받기를 원하는 어린아인 줄만 알았다. 그런데 아들은 어느새 자신의 품을 떠날 수 있을 정도로 성장해버렸다. 아마도 앞으로는 자신이 아들로부터 사랑받기를 고대하게 될 것이라고 생각하며 이 여사는 쓴웃음을 지었다. 현관문을 열고 나가는 주노의 등을 향해 이 여사가 소리를 질렀다.

"주노야, 그래도 연습은 해! 토요일의 무대를 망칠 수는 없잖니?"

왜애애애애애앵--!

다음 날 새벽, 이지는 요란한 사이렌 소리에 잠에서 깨어났다. 불이라도 났나 싶어 침대에서 벌떡 일어서는 순간 필립 할아버지의 목소리가 확성기를 통해 울려 퍼졌다.

"기상! 기상! 우리 농장에선 오전 6시 기상이 원칙이다, 오버!"

이지가 편안한 티셔츠에 반바지 차림으로 밖으로 나왔다. 어깨에 확성기를 걸친 할아버지가 이 층 복도를 왔다 갔다 하며 기상을 외치고 있었다. 필립도 늘어져라 하품을 하며 나왔다.

"안녕히 주무셨어요?"

고개를 꾸벅 숙이는 이지를 향해 할아버지가 빙그레 웃었다.

"우리 손자며느리는 인사성도 밝구나."

이지는 반 포기 상태라 손자며느리는 호칭을 순순히 받아들였다. 이지가 할아버지를 향해 궁금한 듯이 물었다.

"그런데 왜 새벽에 깨우신 거예요?"

"그건 따라와 보면 안다."

이지와 필립이 할아버지를 따라 집 밖으로 나갔다. 아직 어둠이 채 가시지 않는 농장의 공기는 상쾌했다. 이지와 필립은 그때부터 할아버지의 지시에 따라 닭장에서 달걀을 꺼내고, 소똥을 치우고, 양젖을 짰다.

"헥헥…… 농장 일은 정말 중노동이구나."

허리를 두드리는 이지를 향해 필립이 설명했다.

"네가 이해해. 우리 할아버지 좌우명이 일하지 않으면 먹지도 말라거든."

"틀린 말씀은 아니잖아. 필립 할아버지는 정말 좋은 분인 것 같아."

"……"

필립이 대꾸 없이 이지의 얼굴을 물끄러미 바라보았다.

"왜 그렇게 쳐다봐?"

"농장의 공기가 좋긴 좋은 모양이야. 어제 서울에서 출발할 때보다 네 표정이 많이 밝아졌어."

"헤헤…… 그래?"

"아침 먹고 내가 재미있는 곳에 데려다 줄게."

"어딘데?"

"아직은 비밀."

"……?"

적당한 노동을 해서인지 아침밥은 그야말로 꿀맛이었다. 이지는 할머니가 만들어준 찌개에 밥을 두 그릇이나 뚝딱 비웠다. 할머니가 달걀프라이를 이지의 밥 위에 올려주며 기특한 듯이 웃었다.

"어쩜, 복스럽게도 먹는구나. 많이 먹거라."

"예, 할머니."

애정 어린 눈으로 자신을 바라보는 할아버지와 할머니를 보며 이지는 마음이 푸근해지는 것을 느꼈다.

식사를 마치자마자 필립이 이지를 데리고 산 정상 쪽으로 향했다. 필립의 손에는 비료 포대 두 장이 들려 있었다.

"대체 어딜 가는 거야?"

"따라와 보면 알아."

"……?"

잠시 후, 목적지에 도착하고 나서야 이지는 필립이 왜 그리 뜸을 들였는지 알게 되었다. 높은 산등성이에 서 있는 두 사람의 발 아래로 풀밭이 꼭 스키장처럼 끝없이 펼쳐져 있었다. 아침 햇살을 받아 반짝이는 풀밭은 자연이 만든 천연의 슬로프처럼 보였다. 이지가 가늘게

떨리는 손가락으로 위험천만해 보이는 경사면을 가리켰다.

"서, 설마 여기서……?"

필립이 비료 포대를 들어 보이며 히죽 웃었다.

"세상의 어떤 눈썰매장보다 짜릿한 기분을 맛볼 수 있을걸."

"난 못해. 여기서 구르면 끝장이라고."

"무성한 풀이 매트 역할을 하기 때문에 절대로 다치지 않아. 여섯 살 때부터 이곳을 이용한 내 말을 믿으라고."

"하지만 여긴 너무 높잖아."

이지가 불안한 눈으로 다시 한 번 경사면을 보았다. 하지만 그녀는 잠시 후, 필립과 나란히 비료 포대를 깔고 앉아 출발 준비를 하고 있었다. 이지가 필립을 돌아보며 떨리는 목소리로 말했다.

"저, 정말 괜찮을까?"

"나를 믿으라니까. 하나, 둘, 셋에 출발이다. 알았지?"

"으응."

"하나…… 두울……"

"스톱! 타임!"

"고고씽-!"

이지가 절박하게 타임을 외쳤지만 필립은 이지의 비료 포대까지 끌어당기며 출발해 버렸다. 두 사람이 무서운 속도로 급경사의 풀밭 위를 미끄러지기 시작했다. 눈썰매장 따위와는 비교조차 할 수 없는 속도였다. 바람에 머리카락이 마구 흩날리며 주변 풍경이 휙휙 스쳐지나갔다. 이지는 눈알이 핑글핑글 돌 정도의 어지럼증을 느끼며 째져라 비명을 질렀다.

"꺄아악? 사람 살려!"

하지만 공포심은 오래 가지 않았다. 속도에 어느 정도 익숙해지자, 이제는 짜릿한 스릴이 느껴지기 시작했다. 앞서 미끄러지는 필립이 이지를 힐끗 돌아보며 주먹을 번쩍 쳐들었다. 이지도 필립을 향해 주먹을 쳐들었다. 풀밭 위를 미끄러지는 두 사람의 입에서 거의 동시에 함성이 터져 나왔다.

"우와아아아아-!"

같은 시간, 주노는 스쿠터를 몰고 이지가 갈 만한 장소를 샅샅이 찾아다니고 있었다. 휴일이라 텅 빈 학교도 가 봤고, 이지네 다세대주택에도 다시 찾아갔다. 이지와 함께 갔던 노래방과 찜질방에도 들렀다. 하지만 어디에서도 이지의 흔적을 찾을 수 없었다. 주노는 낙담했고, 마음속에 절망감만 쌓였다. 한강변에 스쿠터를 세워두고 어둠에 잠기는 강물을 바라보며 주노는 신음처럼 중얼거렸다.

"소중한 사람이 갑자기 사라지면 이런 기분이 드는구나. 다시 만날 수 없을지도 모른다는 상상만으로도 모든 것을 포기하고 싶어지는 거구나."

결국 이지의 행방을 찾지 못한 채 시간이 흘러 토요일이 되었고, 주노는 마지못해 복귀무대가 펼쳐질 NBC방송국으로 향했다. 송 사장이 매니저, 메이크업아티스트, 코디 등으로 구성된 십여 명의 전담팀을 끌고 동행했다. 이 여사도 오랜만에 아들의 무대를 보기 위해 방송국으로 왔다.

방송국 대기실에 도착한 후에도 주노는 전혀 집중하지 못하고 있었다. 그의 머릿속은 이지에 대한 생각으로 가득 차 있었다. 이때 대기실 문이 열리며 필립의 누나들인 제니와 애니가 들어왔다. 3P 멤버로 활동할 때 필립의 집에 자주 들락거렸던 주노는 제니, 애니와도 친한 사이였다.

"여기 함부로 들어오시면 안 됩니다."

제니와 애니를 쫓아내려고 다가가는 매니저를 주노가 제지했다.

"아는 사람들이에요. 들여보내세요."

제니와 애니가 손뼉을 마주치며 주노에게 달려왔다.

"꺄아~ 주노야!"

"솔로 복귀 축하해!"

주노가 피식 웃음을 흘렸다.

"누나들은 여전하군. 필립을 버려두고 혼자 복귀하는 내가 밉지도 않아?"

주노의 얼굴을 들여다보며 제니와 애니는 싱글벙글이었다.

"우린 그렇게 복잡한 거 몰라."

"그냥 너의 오랜 팬으로서 축하해 주러 온 거야."

순간 무슨 생각이 들었는지 주노의 눈이 반짝 빛났다.

"누나들, 아직도 내 팬이라고 했지?"

"당연하지."

"그럼 팬으로서 한 가지만 알려줘."

제니와 애니가 입을 모아 외쳤다.

"무엇이든 물어봐."

"필립이 혹시 이지와 함께 있어?"

"……!"

동시에 자매의 얼굴에서 웃음기가 싹 사라졌다. 주노가 절박한 표정으로 말했다.

"제발 사실대로 말해줘."

"필립이 너한테 절대 알려주지 말라고 신신당부했는데……."

제니와 애니가 서로의 얼굴을 마주보며 망설였다. 순간 주노가 팔을 번쩍 쳐들었다.

"좋아, 그럼 누나들이 가장 갖고 싶어 하는 선물을 줄게."

"우리들이 가장 갖고 싶어 하는 선물이라면……?"

"내가 하와이에서 찍은 그 화보 말이야."

"꺄악!"

제니와 애니는 로또라도 당첨된 듯 폴짝폴짝 뛰었다. 3P의 리더로 왕성하게 활동하던 주노는 하와이까지 날아가 화보를 찍은 적이 있었다. 그러나 그것은 빛도 보지 못하고 전량 회수되어 소각되고 말았다. 아직 미성년자인 주노가 트렁크팬티만 걸치고 찍는 등 너무 야하다는 이유에서였다. 그 사실에 다른 누구보다 주노가 아쉬워했다. 좋은 사진작가와 작업한 덕분에 자신의 내면이 담긴 사진이 여러 장 나왔기 때문이다. 결국 주노는 사진 열 장 정도를 골라서 자신이 직접 보관하기로 했다.

그것을 주겠다고 했으니, 광팬 자매가 흥분하는 것도 당연했다. 결국 유혹에 넘어간 제니와 애니는 필립이 이지와 함께 밀양 할아버지의 농장으로 내려갔다는 일급기밀을 폭로하고 말았다.

"주노야, 어딜 가니? 곧 네 차례란 말이야!"

이지의 행방을 알아낸 주노는 자신을 붙잡는 매니저들을 뿌리치고 대기실을 뛰쳐나갔다.

해는 산등성이에 걸려 있었다. 그 위로 보이는 하늘이 잘 익은 오렌지빛깔로 물드는가 싶더니, 완만한 경사의 초원을 황금빛으로 물들였다. 시원한 남동풍이 불면서 노을에 물든 풀잎들이 춤을 추었다.

이지와 필립도 넉넉한 노을빛에 얼굴을 물들인 채 산등성이를 오르고 있었다. 이지가 의아한 듯 필립을 돌아보았다.

"왜 또 산을 오르는 거야? 이번에도 썰매를 타려고?"

필립은 대꾸하지 않고 빙그레 웃을 뿐이었다. 그러고 보니 이번엔 비료 포대도 들고 있지 않았다. 삼십분 정도 오른 후에야 두 사람은 썰매를 탔던 지점에 도착할 수 있었다.

"아……!"

높은 산등성이에 서서 이지는 저도 모르게 신음을 흘렸다. 발 아래 황금빛으로 출렁이던 초원은 저 아래쪽부터 먹물이 번지듯 서서히 어두워지고 있었다. 시원한 바람에 머리카락을 날리며 이지는 어둠이 부드러운 담요처럼 초원을 뒤덮는 광경을 지켜보고 있었다. 이지가 필립을 돌아보며 진심 어린 표정으로 말했다.

"이 풍경은 먼 훗날 어른이 된 후에도 잊지 못할 것 같아. 고마워, 필립. 넌 정말이지 소중한 친구야."

"아직 아니야."

"응?"

필립이 싱긋 웃었다.

"아직 내가 보여주고 싶은 풍경은 시작되지 않았다고."

"……?"

"조금만 기다려. 어둠이 세상을 완전히 뒤덮을 때까지."

그리고 마침내 필립이 기다리던 그 시간이 왔다. 마지막 햇빛이 산등성이 너머로 사라지고, 사위는 완전히 어두워졌다. 지금만 기다렸던 필립이 산등성이를 좌우편으로 마구 뛰어다니며 고함을 지르기 시작했다.

"으아아아!"

"대체 뭐하는 거야?"

황당한 표정으로 필립을 향해 돌아서는 이지의 눈이 휘둥그레졌다. 정신없이 뛰어다니는 필립의 너머 산등성이 아래쪽에서 작고 노란 불빛들이 포롱포롱 떠오르기 시작했기 때문이다. 불빛들의 숫자는 점점 늘어나서 이내 어두운 하늘이 온통 노란 불빛들로 뒤덮였다. 이지와 필립은 나란히 서서 숨 막힐 듯 아름다운 풍경을 넋을 잃고 올려다보았다. 이지가 하늘로 날아오르는 반딧불이에 시선을 고정시킨 채 중얼거렸다.

"필립, 네가 마술도 부릴 수 있는 줄은 몰랐어."

필립의 손이 자신의 손을 움켜쥐는 것을 느끼고 이지가 멈칫했다. 이지는 눈을 크게 뜨고 필립을 돌아보았다. 필립도 이지의 눈을 보고 있었다. 필립의 눈동자에 맺힌 자신의 얼굴을 보며 이지는 심장이 두근거렸다. 필립의 맥박도 빨라졌음을 그의 손바닥을 통해 느낄 수 있었다. 필립이 마침내 용기를 내어 말했다.

"이 아름다운 풍경뿐 아니라 이곳에 너와 함께 있던 나도 영원히 잊지 말아주었으면 좋겠어."

예전 같으면 손을 빼냈겠지만 이번만은 그러지 못했다. 여전히 주노를 좋아하고 있었지만 이지의 마음속에 예전만큼의 확신은 없었다. 주노는 이지를 너무 힘들게 했고, 필립은 주노 때문에 지친 이지를 언제나 따뜻하게 감싸 주었다. 이지는 미안해서라도 필립의 마음을 외면할 수가 없었다.

"필립, 나는 말이지……."

이지가 힘겹게 입을 열려는 순간, 성난 고함소리가 들려왔다.

"너희들, 당장 떨어지지 못해?!"

왠지 지난번에도 이것과 비슷한 상황이 있었던 것 같다.

소리 나는 쪽으로 돌아서며 이지와 필립은 입을 쩍 벌렸다.

"주, 주노 선배……?!"

필립을 향해 똑바로 걸어온 주노가 다짜고짜 주먹을 날렸다. 필립도 지지 않고 대응했다.

"두 사람 싸우지 말아요!"

이지가 두 사람 사이로 뛰어들었지만 이미 흥분할 대로 흥분한 둘을 뜯어말릴 수는 없었다. 이때 누군가의 팔이 이지를 툭 쳤고, 균형을 잃은 그녀는 가파른 경사면으로 벌러덩 넘어지고 말았다.

"꺄아아악!"

이지가 비명을 지르며 경사면을 구르기 시작했다.

"이지야!"

그제야 주노와 필립이 싸움을 그치고 이지를 홱 돌아보았다. 이지는 무서운 속도로 뒹굴고 있었다. 하늘과 땅이 연속적으로 뒤집히며 풀잎이 분분히 흩날렸다. 아, 나는 이대로 죽게 되는 걸까? 아득한 절망감을 느끼는 순간, 풀밭을 무서운 속도로 굴러가는 그녀에게서 갑자기 희미한 빛이 새어나오기 시작했다. 이지의 온몸이 곧 신성하고도 강렬한 광채에 휩싸였다. 빛에 싸인 이지가 더욱 빠른 속도로 경사면 아래로 굴러 떨어졌다.

주노의 저택, 이지의 방안 침대 위에 놓인 「세기의 로맨스」 양장본 표지에서도 빛이 뿜어지고 있었다. 책장이 펄럭이는가 싶더니, '이반

4세와 아나스타샤' 편이 펼쳐졌다. 그 페이지에서 빛이 폭포수처럼 뿜어져 방 전체를 환하게 물들였다.

 빛의 소용돌이에 커튼이 흩날렸다. 어느 순간 거짓말처럼 빛이 사그라지면서 책도 함께 사라졌다.

3
크렘린궁의 포로

이지는 바닥에 반듯이 누운 채 정신을 차렸다. 슬쩍 눈을 뜨니 주위가 어둑해서 그녀는 자신이 산 아래 어두운 초원까지 굴러 떨어진 것이라고 생각했다. 그런데 공기가 조금 이상했다. 분명 시원한 풀 냄새가 풍겨 와야 하는데, 공기가 너무 탁했다. 꼭 음습한 지하실처럼 곰팡이 냄새가 풍겼다. 이지는 혹시 부상이라도 당했나 싶어 조심스레 몸을 일으켜 보았다. 군데군데가 쑤셨지만 다행히 크게 다친 것 같지는 않았다.

"휴우…… 그나마 다행이군."

"이런 곳에 갇힌 주제에 뭐가 다행이란 거지?"

"누, 누구야?"

갑작스런 목소리에 이지가 흠칫 놀라 옆을 돌아보았다. 그녀의 예상대로 이곳은 어둡고 칙칙한 지하 감옥이었다. 그리고 감옥 구석에 자신과 같은 또래로 보이는 사내아이가 양팔로 무릎을 끌어안은 채 웅크리고 있었다. 죄수처럼 헝클어진 머리에 지저분한 얼굴의 소년은 놀랍게도 조금 낡기는 했지만 화려한 느낌이 남아 있는 귀족 복장이었다.

"귀족이 저런 몰골로 이런 곳에 갇혀 있을 리가 없는데……?"

고개를 갸웃하며 소년의 얼굴을 유심히 살피던 이지가 다시 한 번 흠칫 놀랐다. 아무렇게나 자란 머리카락 사이로 깊게 패인 눈과 그 안에서 불안하게 반짝이는 파란 눈동자가 주노와 꼭 닮아 있었기 때문이다.

"내가 혹시 또 과거로 떨어진 건가……?"

불안한 눈으로 주위를 둘러보던 이지는 바로 옆에 떨어져 있는 양장본 표지의 책을 발견하고 한숨을 푹 쉬었다. 역시 예상대로였던 것이다.

책장을 펼치자 얼마 전까지 읽고 있던 '이반 4세와 아나스타샤' 부분이 깨끗이 지워져 있었다. 하얀 백지로 변한 책장을 보며 이지가 한숨 섞인 소리로 중얼거렸다.

"주노 선배와 문제가 생기니 어김없이 과거로 떨어지는군. 아마도 이번엔 러시아겠지?"

구석에 웅크리고 있던 소년이 신경질적으로 말했다.

"이곳은 러시아가 아니다. 이곳은 모스크바공국이다."

"으음…… 모스크바공국은 러시아의 옛 이름이지 아마?"

"러시아가 아니라 모스크바공국이라니까!"

소년이 버럭 소리를 지르자 이지는 깜짝 놀랐다. 이지가 눈을 동그랗게 뜨고 씩씩대는 소년을 보았다. 대화 한 마디 제대로 나눠보지 않았지만 대수롭지 않은 일로 분노를 폭발시키며 화를 주체하지 못하는 모습을 보며 이지는 소년이 단단히 비뚤어진 성격의 소유자임을 알아차렸다. 일단 소년을 달래야겠다고 생각한 이지가 억지로 미소를 지었다.

"나 때문에 화가 났다면 미안. 나는 윤이지라고 해. 이지라고 불러. 너는 이름이 뭐니?"

"……."

소년은 대꾸 없이 이지를 쏘아보기만 했다.

"이름이 뭐냐니까?"

"너, 몇 살이야?"

"열네 살."

"나는 열여섯 살이야."

"미, 미안. 오빠라고 부를까?"

소년의 입가에 냉소적인 미소가 떠올랐다.

"나는 모스크바공국의 황태자인 이반 바실례비치다. 그리고 머지않아 대공이 되어 이 나라를 통치할 몸이시지. 그런데 너 따위가 감히 나를 오빠라고 부른다고? 지나가던 개도 웃을 노릇이로군."

실소를 흘리는 이반을 보며 이지도 부욱 인상을 구겼다. 상대가 함부로 나오는데 기분이 좋을 리가 없다. 뭐 이런 예의 없는 녀석이 다 있지? 이지가 간신히 성질을 누르며 물었다.

"그럼 뭐라고 부를깝쇼?"

"이반님이라고 불러라. 그리고 존칭을 잊지 말도록."

"예…… 예……. 위대하신 이반님. 지금이 몇 년도인지 물어봐도 될까요?"

"1546년 여름이다."

"끄응~ 또 다시 중세로군. 한 가지 더 묻겠는데, 존귀한 황태자께서 어쩌다 이런 곳에 갇히셨을까요?"

"으음……."

이반이 표정을 굳히며 신음을 흘렸다. 이반의 눈에 살벌한 증오의 불꽃이 타오르기 시작했다.

"나를 이렇게 만든 것은 이 나라를 지배하고 있는 대귀족 보야르다. 그들은 내가 세 살 때 내 아버지를 살해했고, 내가 여덟 살 때 섭정을 보고 계시던 어머니까지 독살해버렸다. 그리고 지난 팔 년 동안 나를 이곳 크렘린궁에 가둔 채 개돼지처럼 사육해 왔지. 어제도 점심 식사 중에 저희들끼리의 권력 다툼으로 하도 소란을 피우기에 황태자의 이름으로 닥치라고 명령했더니, 마구 매질한 후에 이곳에 처넣어버리더군."

"……."

이지가 멍한 표정으로 이반을 바라보았다. 세 살 때 아버지가 살해당하고, 여덟 살 때 어머니가 독살당했다니. 그리고 그 원수들에 의해 무려 팔 년이란 세월 동안 학대를 받았다니. 이지는 이반의 성격이 비뚤어진 것도 당연하다고 생각했다. 아니, 미쳐버리지 않은 게 신기할 지경이었다.

이지가 이반을 향해 무릎걸음으로 다가갔다. 그리고 이반의 손을 와락 잡았다.

"기운 차리세요, 이반님. 언젠가는 모든 슬픔을 잊고 행복해질 수 있을 거예요."

"물론 나는 행복해질 것이다. 하지만 모든 것을 잊어서가 아니라 원수 같은 보야르를 한 놈도 남김없이 처단한 후에야 진정 행복해질 수 있겠지."

차갑게 미소 짓는 이반을 보며 이지는 저도 모르게 부르르 몸을 떨었다.

덜커덩!

이때 둔중한 철문 열리는 소리가 들렸다. 이지와 이반이 입구 쪽을 돌아보았다. 튜닉 차림에 창백한 안색의 청년이 우락부락하게 생긴 병사 둘을 데리고 들어왔다. 청년이 이반을 향해 불손하게 고개만 까닥했다.

"충분히 반성하셨습니까, 이반님?"

이반이 적대감을 감추지 않은 채 삐딱하게 응수했다.

"덕분에 아주 잘 쉬었다, 시종장 아다셰프."

"다시는 이바노프님을 모욕하는 발언을 하지 않겠다고 약속하신다면 내보내드릴 생각입니다만."

"그 전에 한 가지만 묻자. 아다셰프 너는 이바노프의 시종장이냐, 아니면 황태자인 나의 시종장이냐?"

"그야 물론 이반님의 시종장입니다."

태연히 대답하는 아다셰프를 가리키며 이반이 참을 수 없다는 듯 분통을 터뜨렸다.

"그걸 아는 작자가 이바노프의 개 노릇을 하는가?"

황태자의 말에 눈을 치켜뜨며 나서려는 병사들을 아다셰프가 손을 들어 제지했다.

"저는 현실적인 남자입니다. 이바노프님은 크렘린궁과 공국 전체를 장악하고 있는 보야르의 수장. 그런 분을 거역하고 어찌 힘도 없는 이반님께 충성을 바치겠습니까?"

아다셰프가 비웃음을 흘리며 고개를 숙였다.

"저의 충성심을 원한다면 먼저 강해지십시오. 부하를 지켜줄 힘도 없으면서 충성심만 요구하는 것은 무책임한 짓입니다."

"너, 이 자식!"

"쉬잇……!"

분통을 터뜨리며 일어서려는 이반의 팔을 이지가 슬쩍 잡아당겼다. 성난 눈으로 돌아보는 이반을 향해 이지가 속삭였다.

"내가 보기에 저 아다셰프라는 남자는 이반님께 호의를 품고 있어요. 그러니까 일단은 그가 시키는 대로 하세요."

망설이듯 이지의 얼굴을 보다가 이반이 아다셰프를 향해 마지못해 말했다.

"좋아, 이제부터 이바노프를 모욕하는 발언은 삼가도록 하지."

"현명한 판단이십니다."

싱긋 미소를 지으며 아다셰프는 이지에게로 시선을 옮겼다. 방금 전 이지가 이반의 팔을 잡아당기는 것을 똑똑히 보았던 것이다. 편안한 티셔츠에 반바지를 입은 이지의 모습을 찬찬히 살피던 아다셰프가 고개를 갸웃했다.

"그런데 이곳에 저런 아이가 수감되어 있었던가?"

병사 둘이 고개를 가로저었다.

"처음 보는 아입니다."

"이 감방엔 황태자밖에 없었습니다."

이지가 꼼짝없이 들켰다고 생각하고 있는데 이반이 피식 웃으며 말했다.

"간수 녀석들부터 군기를 잡아야겠군. 이 아이는 내가 감금당할 때부터 이곳에 있었다. 궁 밖 광장에서 행인들의 주머니를 노리다가 잡혀왔다더군."

아다셰프가 대수롭지 않게 말했다.

"알았으니 그만 나오십시오."

"끄응……."

이반이 무릎을 짚으며 힘겹게 일어섰다. 황태자가 불안한 표정으로 따라 일어서는 이지를 힐끗 돌아보며 말했다.

"아다셰프, 부탁이 하나 있다."

"말씀해 보십시오."

"이 아이를 나의 시녀로 삼을 수 있을까?"

"저런 좀도둑을 어디에 쓰시려고요? 복장까지 괴상한 걸 보니 정신도 온전하지 못한 아이 같습니다만."

이반이 피식 웃었다.

"귀족에게 얻어맞는 황태자와 좀도둑 시녀라면 썩 어울리는 조합이 아닐까?"

"……!"

눈을 가늘게 뜨고 이지와 이반의 얼굴을 번갈아 보던 아다셰프가 천천히 고개를 끄덕였다.

"정 그렇다면 원하는 대로 하십시오."

"고맙다, 아다셰프. 너에게 신세를 졌다."

감옥을 빠져나가는 이반을 이지가 황급히 따라갔다. 아다셰프를 스쳐 지나며 이지는 그와 시선이 마주쳤다. 그의 눈빛에서 이지는 다시 한 번 이반에 대한 호의를 읽을 수 있었다.

밖으로 나오자 한여름 강렬한 햇빛이 쏟아졌다. 어두운 곳에 갇혀 있다가 갑자기 밝은 곳으로 나온 이지와 이반은 눈이 부셔 손으로 얼굴부터 가렸다. 한참만에야 손을 내리고 주위를 살펴본 이지의 입에서 감탄사가 새어나왔다.

"우와아…… 굉장하구나!"

이지의 눈앞에 견고한 붉은 벽으로 에워싸인 크렘린궁이 펼쳐져 있었다. 동서양의 건축 양식이 절묘한 조화를 이루는 높고 웅장한 건물들은 풍선처럼 둥근 지붕으로 덮여 있고, 곳곳에 솟아 있는 첨탑의 꼭대기에는 어김없이 큼직한 십자가가 세워져 있었다.

그리고 황량한 느낌을 풍기는 안쪽의 넓은 광장에서는 투구를 눌러쓰고 묵직한 갑옷을 입은 병사들이 이반을 향해 감시의 눈길을 번뜩이고 있었다. 크렘린궁은 웅장하고 멋졌지만 이지가 보기에 이곳은 궁전이 아니라 거대한 감옥이나 다름없었다. 이지가 이반을 돌아보며 기죽은 목소리로 물었다.

"혹시 안에 이반님의 편은 없어요?"

"예전엔 몇 명쯤 있었지. 하지만 이바노프에게 모조리 살해당했어. 지금은 시종이든 병사든 나를 괴롭혀서 이바노프에게 점수를 따려는 인간들만 득실거린단다."

"후아아……."

땅이 꺼져라 한숨을 내쉬는 이지의 등을 툭 치며 이반이 걸음을 옮겼다.

"뭐 이 정도를 가지고 한숨을 쉬고 그러나? 빨리 가자."

이지가 황급히 따라가며 질문했다.

"그런데 왜 날 꺼내 주신 거예요?"

"말했잖아. 이 안에 내 편이라곤 개새끼 한 마리 없다고. 적어도 너는 내 편을 들어줄 거 아니냐?"

"그, 그럼 내가 멍멍이 대신이라는……?"

"이곳이 내 방이다."

"말도 안 돼……!"

이반의 방에 도착한 이지는 경악했다. 그곳은 방이라도 부르기도 민망한 곳이었다. 방금 전까지 이지가 갇혀 있던 지하 감옥보다 나은 점을 꼽으라면 그나마 좁은 창을 통해 가느다란 햇살이 스며들고 있다는 정도였다. 황태자의 방이라고는 믿을 수 없을 정도로 돼지우리처럼 좁고 지저분한 방에 가구라곤 삐딱하게 기울어진 탁자 하나가 전부였다. 침대도 없었고, 구석에 짚단을 쌓아 만든 잠자리가 보였다.

"이게 황태자의 숙소라고요?"

"그나마 많이 좋아진 거야. 원래는 마구간에서 살았거든."

"하하……."

이반이 문득 정색하며 속삭였다.

"내가 살아 있는 건 순전히 보야르 사이에서 나를 대체할 인물을 찾지 못했기 때문이지. 이바노프가 보야르의 수장을 맡고 있지만 다른 보야르들도 욕심이 있어서 그가 대공에 오르는 것만은 용납하지 못하는 상황이야."

"아무리 그래도 이건 너무 심하잖아요."

"불평 말고 잠깐 눈이라도 붙이도록 해. 어차피 밤이 돼야 빵 한 덩어리라도 얻어먹을 수 있을 테니까. 아참, 그 전에 저기 옷장을 열고 아무 옷이나 골라 입어라. 그런 괴상한 차림으로 다니다간 무슨 봉변을 당할지 몰라."

짚단 위에 벌러덩 드러눕는 이반을 보며 이지는 아직 앳된 티가 남아 있는 황태자가 어떻게 지옥 같은 시간들을 견뎠는지 궁금하기만 했다. 한숨을 푸욱 쉬며 이지가 옷장을 열었다. 그리고 이지의 입에서 다시 한숨이 새어나왔다. 옷장에 걸려 있는 옷이라곤 군데군데 기운 흔적이 또렷한 남자용 튜닉이 전부였기 때문이다. 할 수 없이 이지는 그 가운데서 가장 깨끗한 튜닉을 골라 갈아입었다.

이지도 어느새 잠이 들었던 모양이다. 잠결에 이지는 거칠게 문 두드리는 소리를 들었다. 퍼뜩 정신을 차려 보니, 짚단 위에서 이반을 끌어안은 채 잠들어 있었다. 소스라치게 놀란 이지가 벌떡 일어나 문을 열었다. 아다세프가 방문을 밀치고 들어와 이지 앞에 우뚝 섰다. 한동안 이지의 얼굴을 뚫어져라 응시하던 아다세프가 착 가라앉은 소리로 물었다.

"이름이 무엇이냐?"

"윤이지라고 합니다."

"어디서 왔느냐?"

"광장에서 행인들의 주머니를 노리다가 붙잡혀서……."

"이반님이 꾸며낸 얘기 말고 진실을 말해봐라."

"……."

자신의 마음을 꿰뚫어보는 듯한 아다셰프의 회색 눈동자를 마주하며 이지는 우물쭈물했다. 아다셰프는 섣부른 거짓말이 통할 남자가 아닌 것이다. 무어라 대답해야 할지 몰라 입만 달싹이던 이지가 아다셰프의 눈빛에 짓눌리기 직전, 뒤쪽에서 나른한 목소리가 들려왔다.

"어이, 내가 무슨 얘기를 꾸며냈다는 거냐?"

잠에서 깬 이반이 늘어져라 기지개를 켜며 일어서고 있었다. 그는 구겨진 옷차림은 신경도 쓰지 않은 채 이지의 옆에 서서 아다셰프를 향해 인상을 썼다.

"내 시녀를 쓸데없는 소리로 괴롭히지 말고 왜 왔는지 용건이나 얘기해."

"이바노프님께서 저녁 연회에 황태자님을 초대하셨습니다. 준비하시지요."

"흥, 누가 들으면 지가 크렘린의 주인인 줄 알겠군. 진짜 주인을 손님이 초대하는 법도 있다더냐?"

아다셰프가 눈살을 찌푸렸다.

"이반님, 그런 말은 이반님의 수명을 단축시킬 수도 있다는 걸 아실 텐데요?"

"알았으니까 가자. 배고파 죽겠다."

이지의 손을 잡은 이반이 아다셰프를 밀치고 밖으로 나갔다. 아다셰프도 고개를 설레설레 흔들며 따라갔다.

이반과 이지가 들어서자 떠들썩하던 연회장이 순식간에 고요해졌다. 이반과 함께 연회장 안쪽으로 걸어 들어가며 이지는 심장이 조여드는 긴장감을 느꼈다.

널찍한 연회장 안에는 화려한 문양이 새겨진 튜닉 차림의 귀족들이 카펫이 깔린 바닥에 비스듬히 누워 술잔을 기울이다 말고 이지와 이반을 이글거리는 눈으로 쏘아보았다. 적대감을 광선처럼 쏘아대는 보야르들 때문에 이지는 시선을 어디다 둬야할지 곤란해 이반의 뒤로 숨으려고 했다.

이반이 우뚝 걸음을 멈추었다. 이지도 따라서 섰다. 슬그머니 고개를 들고 앞을 쳐다보던 이지가 움찔했다. 정면 높다란 옥좌에 앉아 있는 중년 남자를 발견했기 때문이다. 쭉 찢어진 눈과 매부리코의 남자는 꼭 독수리를 연상시켰다. 남자가 유난히 붉은 입술을 비틀며 잔인하게 웃었다.

"어서 오십시오, 황태자전하. 소신들이 전하를 눈이 빠지게 기다리고 있었습니다."

이반이 턱을 들고 옥좌의 남자를 똑바로 응시했다. 하지만 이지는 이반의 팔이 가늘게 떨리는 것을 놓치지 않았다. 이반이 냉소적인 목소리로 말했다.

"고맙구려, 이바노프 공. 나도 굶어죽지 않기 위해 보야르가 던져주는 뼈다귀라도 주워 먹으려 기다리고 있었소."

이지가 표정을 일그러뜨리는 중년 남자를 보며 '아, 저 사람이 바로 보야르의 수장 이바노프구나.' 하고 생각했다.

"호오, 뼈다귀를 좋아하시는 모양입니다?"

"사람이란 원래 자주 먹는 음식을 좋아하게 되는 법이오."

"오늘은 살코기를 드릴까요? 마침 갓 구운 송아지 고기가 있습니다만. 전하께서 좋아하셨으면 좋겠군요."

"이바노프 공이 호의를 베푼다면 고맙게 받겠소."

"대신 한 가지 조건이 있습니다."

"조건?"

"오늘 많은 보야르들을 모시고 연회를 열었는데, 도무지 흥이 나지 않는군요. 분위기를 바꾸기 위해 전하께서 조금만 도와주시면 고맙겠습니다."

이바노프가 말을 마치자마자 보야르들이 웅성거리기 시작했다. 이지와 이반이 흠칫 뒤를 돌아보자, 거대한 덩치의 병사가 오른손에 기다란 쇠사슬을 쥐고 걸어오는 게 보였다. 스무 살 정도 되었을까? 웃통을 벗어젖힌 병사의 상체에는 흉터들이 가득했다. 이바노프가 병사를 가리키며 야비하게 웃었다.

"저의 충복인 스쿠라토프입니다. 우리와 전쟁을 치룬 몽골족 사이

에선 '철퇴의 저승사자'라고 불리는 녀석이죠. 저 녀석이 무엄하게도 황태자전하와 꼭 한 번 겨뤄보고 싶다고 떠벌리고 다녔다지 뭡니까? 저 건방진 놈에게 교훈을 내려주실 수 있겠습니까?"

"으음……."

이반이 석상처럼 버티고 서 있는 스쿠라토프를 쳐다보며 신음을 흘렸다. 이지가 이바노프를 바라보며 황당한 듯 말했다.

"이 사람들 대체 뭐야? 어떻게 신하라는 자들이 황태자에게 이런 대접을 할 수가 있지?"

"우린 물론 그럴 수 있다."

이바노프가 태연히 웃었다.

"우리 보야르는 전하의 보호자로서, 전하를 강하게 키워 위대한 모스크바대공으로 옹립할 사명이 있기 때문이지."

"하하."

이지가 기가 막혀 실소했다. 이때 이반이 손을 내밀었다.

"검을 다오."

"싸우면 안 돼요. 척 봐도 이반님의 상대가 아니라고요."

"넌 끼어들지 마!"

"……!"

이반이 화를 내자 이지는 찔끔하며 입을 다물었다. 아다셰프가 다가와 이반에게 검을 건넸다.

"여기 검을 대령했습니다."

"고맙다, 아다셰프. 네가 나의 피를 보고 싶어 안달이 났구나."

아다셰프가 대답하지 않고 고개만 살짝 숙였다. 이반이 검을 눈앞으로 세워 유심히 들여다보았다. 그의 표정은 확고했지만 그의 칼은 스쿠라토프의 무기에 비해 너무 초라했다. 이지가 아다셰프의 옆으로 다가가 항의했다.

"나는 그래도 당신이 이반을 걱정하는 줄 알았어요. 그런데 사지로 몰아넣다니요?"

아다셰프가 정면을 응시한 채 속삭였다.

"멍청아, 이바노프가 시키는 대로 하지 않으면 이반님은 이 자리에서 목이 떨어질 수도 있어."

"서, 설마……?"

잔인하게 웃는 보야르들을 질린 눈으로 둘러보는 이지를 스쳐 이반이 연회장 한복판에 우뚝 버티고 서 있는 스쿠라토프를 향해 걸어갔다. 천천히 걸음을 내딛던 이반이 갑자기 속도를 높이기 시작했다. 이반이 한껏 도약하더니, 스쿠라토프의 머리를 노리고 검을 후려쳤다.

캉!

스쿠라토프가 사슬을 휘둘러 검을 튕겨냈다. 충격을 이기지 못한 이반이 부웅 날아갔다. 바닥을 정신없이 구르는 이반을 가리키며 보야르들이 왁자하게 웃음을 터뜨렸다.

"으핫하하! 황태자님, 시도는 좋았소!"

"하지만 스쿠라토프의 쇠사슬에 가루가 될 것 같구려!"

이지가 분을 이기지 못하고 눈물을 글썽였다.

"귀족들이 어떻게 저럴 수가……?!"

"저들의 눈에는 이반님이 황태자가 아니라 크렘린이라는 감옥에 갇힌 포로로 보일 뿐이다."

차갑게 말하는 아다셰프를 이지가 홱 쩨려보았다.

"당신은 어떤가요?"

"나는 힘을 가진 쪽을 따른다고 말했을 텐데."

이지가 스쿠라토프에게 일방적으로 밀리고 있는 이반에게로 다시 시선을 옮겼다. 이반은 스쿠라토프가 휘두르는 사슬을 막아내기에 급급하고 있었다. 쇠와 쇠가 부딪칠 때마다 불꽃이 튀었다. 계속 뒷걸음질을 하던 이반이 균형을 잃고 엉덩방아를 찧었다. 스쿠라토프가 기회를 놓치고 않고 달려들었다. 이지가 비명을 질렀다.

"꺄아악!"

하지만 이것은 스쿠라토프를 방심시키기 위한 이반의 작전이었다. 사슬이 머리에 닿기 직전, 이반이 스쿠라토프의 발등에 칼을 박았다.

"크흑!

신음을 흘리며 물러서는 스쿠라토프의 품속으로 이반이 쏜살같이 파고들었다. 이반이 휘두른 검이 스쿠라토프의 가슴을 길게 베었다.

쿠웅!

스쿠라토프가 썩은 고목처럼 쓰러지자 왁자하던 보야르들이 고요해졌다. 그들은 경탄과 의심의 눈빛으로 피 묻은 검을 움켜쥔 채 헐떡이는 이반을 주시하고 있었다. 이반이 검 끝으로 스쿠라토프의 얼굴을 겨누며 이바노프를 힐끗 보았다. 눈을 치켜뜨고 있던 이바노프가 박차고 일어서며 외쳤다.

"죽여라!"

이반이 죽음을 각오한 듯 눈을 감는 스쿠라토프의 얼굴을 노리고 검을 쳐들었다. 이지가 그런 이반을 향해 외쳤다.

"죽이면 안 돼요!"

이반이 멈칫하더니, 황당한 듯 이지를 보았다. 이지와 스쿠라토프의 얼굴을 번갈아 쳐다보다가 이반이 천천히 검을 내렸다.

이를 갈아붙이며 이반을 노려보던 이바노프의 입가에 비웃음이 걸렸다.

"황태자께서 배가 부르신 모양이다. 뼈다귀나 하나 던져주도록."

보야르들이 이죽거리며 이반 앞에 살점도 거의 붙어 있지 않은 뼈다귀를 서너 개 던져주었다. 이지는 이반이 당연히 먹지 않을 것이라고 생각했다. 그런데 그가 바닥에 떨어진 뼈다귀 하나를 집어 입으로 가져가는 것이 아닌가. 그리곤 얼마 안 되는 살점을 아주 맛있게 뜯어먹기 시작했다.

"흐음……. 송아지를 잡았다더니, 오늘 뼈다귀는 특별히 맛있는 것 같군. 뭐하고 있느냐, 이지? 너도 어서 먹어라."

이반이 혼자 먹기 아까웠는지 이지에게도 뼈를 하나 내밀었다. 이지가 마지못해 그걸 받아서 먹는 시늉을 했다. 황태자의 뜻밖의 승리에 긴장했던 보야르들이 그런 이반을 가리키며 키득거렸다. 아직 자리에 앉지 않은 이바노프가 이글거리는 눈으로 황태자를 쏘아보고 있었다. 이반 덕분에 목숨을 건진 스쿠라토프도 연회장을 빠져나가다 말고 이채를 띠고 이반을 돌아보았다.

"대체 왜 그 뼈다귀를 받아먹은 거예요? 덕분에 보야르들의 비웃음만 샀잖아요?"

이반의 방으로 돌아오며 이지는 화를 냈다. 이반이 모르는 소리 말라는 듯한 표정을 지었다.

"네가 시키는 대로 스쿠라토프를 죽이지 않아서 이바노프는 화가 머리끝까지 치밀었어. 만약 그 뼈다귀를 받아먹지 않았다면 놈이 나를 죽였을지도 모른다."

"아……!"

이지가 감탄사를 흘리며 이반의 얼굴을 새삼스럽게 보았다. 어려서부터 숱한 고비를 넘겨온 이 황태자는 또래는 상상할 수 없는 지혜를 지니게 된 것 같았다. 이지가 가슴을 쓸어내리며 중얼거렸다.

"휴우…… 듣고 보니 큰일 날 뻔했군요."

"안심하기엔 일러."

"예?"

"스쿠라토프라는 녀석, 나를 진짜 죽이려고 했어. 그건 곧 이바노프가 나를 해치울 결심을 했다는 뜻이지."

크렘린궁의 포로

"그럼 어떡하죠?"

"흐음……."

심각하게 턱을 매만지는 이반의 얼굴을 이지가 걱정스럽게 쳐다보았다. 이반이 이지를 홱 돌아보았다.

"이지 네가 아다셰프를 만나줘야겠다."

"아다셰프 시종장을요……?"

"그 냉정한 녀석이 웬일인지 네게 호의를 품고 있는 것 같아. 그러니까 네가 가서 오늘밤 크렘린을 탈출할 수 있도록 도와달라고 부탁하란 말이다."

"크렘린을 탈출한다고요……?!"

4
요정처럼 아름다운 아나스타샤

 이지는 아다셰프가 당연히 이반의 부탁을 거절할 줄 알았다. 그런데 지나칠 정도로 깔끔하게 정돈된 자신의 방안에서 이지와 마주선 그는 뜻밖에도 순순히 고개를 끄덕였다.

 "마침 어제 왕실 사제 한 명이 죽었다. 그는 고향인 노브고르트로 돌아가 묻힐 예정이지. 오늘 밤 그의 시신을 실은 관이 동쪽 문을 통해 밖으로 나간다."

 "그럼 그 마차를 이용해서……?"

 "관 밑에 두 사람이 숨을 만한 공간을 만들어 주지."

 이지가 아다셰프를 향해 고개를 숙였다.

 "도와주셔서 정말 감사해요."

 "글쎄, 이게 과연 감사할 일일까?"

"예?"

"황태자가 도망친 걸 알면 이 나라에서 가장 강한 기마부대를 거느린 이바노프는 사력을 다해 추격할 것이다. 모스크바공국 어디에도 자신의 군대가 존재하지 않는 이반님은 결국 살해당하고 말 테지."

겁에 질린 이지가 아다셰프에게 사정했다.

"무슨 방법이 없을까요? 제발 가르쳐 주세요."

골똘히 생각하던 아다셰프가 문득 물었다.

"이반님이 혹시 어디로 향한다고 하시더냐?"

"동쪽 우랄산맥 쪽으로 간다고 했어요."

"몽골족과 크고 작은 전투가 끊이지 않는 동쪽 변경으로 간다고……?"

"그럼 다른 쪽으로 가야 하는 거 아닌가요?"

아다셰프가 신중하게 눈을 빛냈다.

"아니다. 어쩌면 이반님이 목숨을 지킬지도 모르겠구나."

"……?"

그날 밤, 크렘린궁 안에 있는 국교사원 우스펜스키 성당의 문양이 새겨진 마차 한 대가 동쪽 문을 빠져나갔다. 주택가를 가로질러 한참을 달린 마차는 도시 밖 침엽수림에 도착해서야 멈춰 섰다. 마차 밑바닥에 숨어 있던 이반과 이지가 재빨리 밖으로 기어 나왔다. 그리고 마차를 끌던 말을 타고 동쪽 방향으로 달려갔다.

날이 밝자마자 크렘린궁에서 이바노프의 기마부대가 추격을 시작했다. 중무장한 기마병들이 가장 날랜 말을 타고 황태자를 쫓았다. 그들은 황태자를 발견하는 즉시 참살하라는 명령을 받은 상태였다.
　한낮이 되었을 때 이지와 이반은 흙먼지를 피우며 자신들을 추격하는 기마부대를 발견할 수 있었다. 이반의 안색이 핼쑥해졌다.
　"추격대가 생각보다 빨리 따라붙었어. 이러다간 우랄산맥에 도달하기도 전에 체포당하고 말겠는걸."
　이지가 걱정스럽게 물었다.
　"우랄산맥에 도착하면 도와줄 사람들이 있어요?"
　"물론이지."
　"그게 누군데요?"
　"드보랸이다."
　"드보랸은 또 뭐예요?"
　"보야르는 대귀족, 드보랸은 지방귀족들을 말하지. 특히 우리 모스크바 공국을 위협하는 몽골족의 카잔한국과 끊임없이 전쟁을 치르고 있는 동쪽 변경의 드보랸은 자신들을 도울 생각은 않고 크렘린에서 권력 다툼에 몰두하는 보야르에게 엄청난 반감을 품고 있지."
　이지가 비로소 알겠다는 듯 고개를 끄덕였다.
　"보야르에 대한 반감을 이용해 드보랸을 이반님 편으로 만들 생각이군요."
　"맞아. 하지만 말처럼 쉽지는 않아. 드보랸은 보야르뿐 아니라 무능

한 황실에 대해서도 적대감을 품고 있거든."

"그럼 어쩌겠다는 거예요?"

"일단 도망치는 데 집중하자. 아무리 좋은 작전도 붙잡히면 아무 소용없어."

이반이 말에 박차를 가했고, 이지도 이반을 따라 속도를 높였다.

다시 밤이 되어서야 이지와 이반은 울창한 숲속에서 잠시 말에서 내릴 수 있었다. 더 달리고 싶어도 말들이 지쳐서 불가능했다. 밤이 되자 기온도 떨어졌다. 이지가 양팔로 무릎을 끌어안은 채 벌벌 떨자 이반이 모닥불을 피웠다.

"불을 피워도 괜찮아요? 추격자들이 볼 수도 있을 텐데요?"

"괜찮아. 저들도 말을 쉬게 해주고 있을 테니까."

"그렇군요."

고개를 끄덕이면서 이지는 이빨을 딱딱 부딪쳤다. 아무래도 감기에 걸리려는 모양이었다. 입술이 파래진 채 떨고 있는 이지를 측은하게 바라보던 이반의 그녀의 곁으로 다가왔다. 그리고 팔을 둘러 어깨를 안아주었다. 이지는 움찔하며 몸을 빼내려 했지만 이반은 풀어주지 않았다. 이반이 퉁명스럽게 말했다.

"따뜻하게 해주려는 것뿐이니까 얌전히 있으라고."

그의 품이 너무 따뜻해서 이지도 더 이상 버둥거리지 않았다. 두 사람은 서로의 체온을 느끼며 눈앞에서 타오르는 모닥불을 응시했다.

숲의 농밀한 어둠이 이불처럼 두 사람을 감쌌다. 어디선가 풀벌레 우는 소리가 들렸다. 신선한 풀 향기가 풍겨왔다. 이지는 정겨운 소리와 싱그러운 향기에 몸을 맡긴 채 조용히 이반의 체온을 음미하고 있었다.

"끼럇~ 끼럇~"

이지와 주노는 한낮의 햇살이 쏟아지는 들판을 죽을힘을 다해 달렸다. 그런 두 사람을 이바노프의 기마부대가 바싹 추격하고 있었다. 새벽부터 추격을 시작한 기마부대는 어느새 두 사람을 거의 따라잡은 상태였다. 고개를 돌린 이지는 투구를 눌러쓴 기마병의 얼굴이 바로 뒤쪽에서 보이자 질겁했다.

"어떡해요? 거의 따라잡혔어요!"

"이제 조금만 더 가면 돼! 무조건 달려!"

"속도를 조금 더 높일까요?"

"저들과 너무 떨어지면 곤란해!"

"그건 또 무슨 소리예요?"

황당한 표정을 짓는 이지를 힐끗 보며 이반이 말했다.

"우리가 저 기마병들을 이끌고 가는 것처럼 보여야 한다고!"

이지는 이반이 대체 무슨 소리를 하는 건지 알아들을 수 없었다. 하지만 지금으로선 이반과 보조를 맞춰 달리는 수밖에 없었다. 추격대가 더욱 따라붙어 이제 손만 뻗으면 그녀의 뒷덜미를 낚아챌 정도가 되었다. 그런데도 일정한 속도를 유지하는 이반을 보며 이지는 속으로 '제발 어떻게 좀 해봐, 멍청아!' 라고 소리쳤다.

우투투투투!

바로 그 순간 전방에서 요란한 땅울림이 들려왔다. 이지가 눈을 부릅뜨고 앞쪽을 보았다. 저 멀리 지평선 쪽에서 흙먼지가 들불처럼 피어오르고 있었다. 자욱한 먼지를 뚫고 달려오는 것은 놀랍게도 새로운 기마부대였다. 이바노프의 기마부대가 번쩍번쩍 빛나는 투구와 갑옷으로 무장했다면 전방에서 나타난 기마부대는 마치 몽골족처럼 양가죽으로 만든 웃옷에 통이 넓은 바지를 입고 있었다. 이지는 직감적으로 저들이 이반이 말한 지방귀족 드보랸의 병사들임을 알아차렸다. 문득 한 가지 생각이 이지의 뇌리를 스치고 지나갔다.

'가만, 그런데 이반은 왜 저들을 향해 기마부대를 이끌고 쳐들어가는 것처럼 보이려고 하지?'

이지가 궁금증을 풀기도 전에 양쪽 기마부대가 정면으로 충돌했다. 전속력으로 달려오던 말들이 강하게 충돌하며 뒹굴었고, 병사들은 서로의 가슴에 검과 창을 찌르며 튕겨나갔다. 말과 병사들이 한데 뒤엉키며 주변은 온통 흙먼지에 휩싸였다.

"지금이야! 도망쳐!"

이반이 옆쪽으로 말머리를 돌려 전속력으로 달아나기 시작했다. 이지도 헐레벌떡 그를 쫓아갔다. 피를 뿌리며 쓰러지는 말과 병사들 사이를 가로질러 두 사람은 간신히 탈출할 수 있었다.

"헉…… 허억……."

흙투성이 된 이반과 이지는 약간 떨어진 곳에 서서 혈투를 벌이는 양쪽 군대를 지켜보았다. 애당초 승패가 결정된 전투였다. 드보랸의 부대가 이바노프의 기마부대에 비해 열 배 이상 많았기 때문이다. 게다가 타원형으로 휘어진 칼과 유난히 기다란 창을 능숙하게 다루는 드보랸의 기마병들은 개개인의 전투 능력도 월등했다. 이바노프의 기마부대는 오래지 않아 동료들의 시체를 버려두고 퇴각하고 말았다.

"와아아아!"

드보랸의 기마병들이 칼과 창을 흔들며 들판이 떠내려갈 듯 함성을 질렀다. 함성을 그친 기마병들이 일제히 한 지점을 돌아보았다. 그곳에 이반과 이지가 나란히 서 있었다. 백발이 성성한 당당한 풍채의 노인이 칼끝으로 이지와 이반을 가리켰다.

"네놈들이 보야르의 기마부대를 이끌고 쳐들어왔으렷다?"

이반은 입을 꾹 다물고 있었다. 노인이 다시 한 번 우렁차게 소리쳤다.

"나는 모스크바공국의 동쪽 변경을 지키는 드보랸의 수장 로마노바라고 한다! 너희들도 죽기 전에 이름이나 밝히도록 해라!"

그제야 이반이 가슴을 펴며 당당하게 말했다.

"내 이름은 이반 바실레비치다. 내 할아버지는 몽골을 몰아낸 이반 3세이고, 내 아버지는 바실리 3세시다."

"……!"

순간 자신의 이름을 로마노바라고 밝힌 노장군과 기마병들은 충격에 휩싸였다. 잠시 당황스런 시선으로 이반의 얼굴을 바라보던 로마노바가 신음처럼 중얼거렸다.

"그러니까 네가……, 아니, 당신이 크렘린의 황태자란 말인가?"

이반이 거만하게 고개를 끄덕였다.

"그렇다."

"큭……!"

로마노바의 입술을 비집고 비웃음이 새어나왔다. 상대방을 깔보는 듯한 그 웃음이 이지를 불안하게 만들었다.

"웬 꼬마가 저리 시건방진가 했더니, 보야르의 어린 죄수였구만그래!"

"으핫하하하!"

로마노바가 자신의 기마부대를 돌아보며 소리치자, 병사들이 일제히 웃어젖히기 시작했다. 이지가 이를 갈아붙이는 이반을 돌아보며 나직이 속삭였다.

"지금이라도 도망치는 게 좋지 않을까요?"

"……"

로마노바가 웃음을 뚝 그치더니, 칼끝으로 이반의 얼굴을 겨누었다.

"이반 황태자, 왜 군대를 거느리고 우리를 공격했지?"

"당신들을 공격한 게 아니라 도망치는 중이었다. 방금 전의 기마부대는 크렘린궁을 탈출한 나를 추격해 온 보야르의 군대였거든."

"흐음…… 우리가 오해한 모양이군. 그렇다고 달라질 것은 없다. 잘 들어라, 황태자. 우리가 이곳에서 몽골 놈들과 사투를 벌이는 동안,

잘난 보야르는 안전한 크렘린에서 연회나 벌이고 있었지. 보야르가 그렇게 활개를 칠 수 있는 것은 황실의 무능함 때문이라고 생각한다."

이반이 로마노바와 시선을 맞추며 진지하게 말했다.

"그래서 이렇게 달려오지 않았나? 그대들과 함께 모스크바로 돌아가 보야르를 몰아내려고 말이야."

"우리와 힘을 합쳐 보야르를 몰아내시겠다?"

황당한 표정을 짓는 로마노바를 향해 이반이 힘차게 고개를 끄덕였다.

"그래."

"헛소리!"

"왜 그러지? 드보랸은 이곳 우랄산맥에서 호시탐탐 모스크바공국을 노리는 몽골족을 필사적으로 저지해 왔잖아. 하지만 보야르로부터 돌아온 것은 철저한 무시와 과도한 세금폭탄뿐이었지. 나와 그대들에겐 공통의 적이 있다. 우리가 힘을 합친다면 강도 같은 보야르를 몰아낼 수가 있어."

하지만 로마노바는 냉담하게 쏘아붙였다.

"어린 황태자께서 무언가 단단히 착각하고 계시군."

"……!"

"보야르는 이 나라 전체 병력의 칠 할을 보유하고 있어. 우리 드보랸이 모두 나선다 해도 상대가 되지 않을 정도야. 그런데 무슨 수로 그들을 크렘린에서 몰아낸단 말인가?"

"내가 그대들과 함께하지 않는가? 황태자가 그대들 편에 섰다는 사실만으로도 백성들은 드보랸을 지지할 것이다."

"흥, 병사 한 명 없이 시녀 하나만 달랑 데리고 도망친 황태자에게 무슨 힘이 있다고?"

이지는 로마노바가 왠지 자신을 비웃는 것 같아 산적처럼 생긴 얼굴을 한 번 찌릿 째려보았다. 하지만 그의 말에도 일리는 있었다. 협상을 벌이려면 양쪽의 힘이 비슷해야 하는데, 이반에겐 힘이라고 부를 만한 것이 없었다.

골똘히 생각에 잠겨 있던 이반이 의미심장하게 미소를 지었다.

"여기 가만히 있어도 어차피 그대들은 보야르의 공격을 피할 수 없어."

로마노바가 씰룩했다.

"그게 무슨 말이지?"

"그대들은 왜 보야르의 기마부대를 공격했지?"

"그야 우리를 향해 쳐들어오는 줄 알고 그랬지."

"맞아, 나는 보야르의 기마부대를 이끌고 돌격하는 것처럼 위장해서 그대들이 착각하도록 만들었어. 내가 왜 그랬을까?"

"……?"

이반의 입가에 회심의 미소가 걸렸다.

"살아 돌아간 기마병들은 크렘린궁으로 달려가 급보를 전하겠지. 동쪽 지방의 보야르가 자신들을 공격하고 황태자를 구출했다고 말이야. 그럼 보야르의 수장인 이바노프가 과연 어떻게 나올까, 응?"

"이곳으로 대규모의 정벌군을 보내겠군."

충격 어린 표정으로 중얼거리는 로마노바의 얼굴을 가리키며 이반이 키득거렸다.

"어차피 그대들에겐 보야르와 싸우는 것 외엔 선택의 여지가 없다는 뜻이지."

분노를 참지 못하고 부들부들 떠는 로마노바를 불안한 눈으로 지켜보며 이지는 이반에게 제발 좀 그만 웃으라고 말해주고 싶었다. 하지만 이반은 웃음을 그치지 않았고, 결국 로마노바는 폭발하고 말았다. 로마노바가 검을 쥔 채 저승사자 같은 얼굴로 다가왔다.

"딱 한 가지 방법이 있긴 하지. 네 목을 베어 크렘린궁으로 보내면 이바노프의 의심도 풀릴 것 아니냐?"

"아, 안 돼요!"

이지가 손을 뻗으며 외쳤지만 로마노바가 이반의 머리를 노리고 칼을 쳐드는 것을 막을 수는 없었다. 로마노바를 저지시킨 것은 뒤쪽에서 들려오는 웬 여자아이의 외침이었다.

"그만두세요, 아버지!"

양옆으로 물러서는 기마병들 사이로 이지보다 한두 살쯤 많아 보이는 예쁜 소녀가 걸어 나왔다. 우아한 드레스 차림의 소녀는 전설 속의 요정처럼 가냘프고 깜찍한 용모였다. 반짝이는 소녀의 눈동자는 그녀가 얼마나 현명한지 말해 주고 있는 것 같았다. 아버지라고 부른 것으로 보아 로마노바의 딸이 분명했지만, 참 닮지 않은 부녀라고 이지는 혼자 생각했다. 소녀가 아버지 바로 옆에 서서 이반의 얼굴을 유심히 바라보았다. 이반도 소녀를 응시했다. 잠시 후, 소녀가 이반을 향해 정중히 허리를 숙였다.

"뵙게 되어 영광입니다, 황태자전하. 저는 여기 계시는 로마노바 공의 여식인 아나스타샤 로마노바라고 합니다. 아버님을 대신해 무례를 용서해주시길 간청드립니다."

모처럼 황태자 대접을 받은 이반이 턱을 쳐들며 답했다.

"아나스타샤, 그대를 보아 특별히 용서하노라."

로마노바가 분통을 터뜨렸다.

"아나스타샤, 네가 나설 자리가 아니다!"

아나스타샤가 아버지를 돌아보며 침착하게 응수했다.

"아버지도 전하께 사과드리세요. 어차피 우리는 전하와 한배를 탈 수밖에 없는 운명이니까요."

"그게 무슨 소리냐? 우리가 왜 저런 허울뿐인 황태자와 한배를 타?"

아나스타샤가 이반에게로 시선을 옮기며 설명했다.

"우리가 전하의 목을 베어 보야르에게 전한다 해도 그들은 이곳으로 군대를 보낼 테니까요."

"어째서?"

"아무리 힘이 없어도 황태자는 황태자. 그 죽음에 대해 누군가는 책임을 져야 합니다. 게다가 여러 보야르들의 입장에선 황태자를 죽인 범인을 처단하는 것만으로도 크렘린의 옥좌를 차지할 수 있는 명분을 얻게 되죠. 그들이 과연 이 절호의 기회를 놓치려고 할까요?"

"으음……."

로마노바와 이반이 거의 동시에 신음을 흘렸다. 두 사람 다 아나스타샤의 냉철한 판단력에 감탄한 것이다. 이지도 이채를 띠고 아나스타샤란 소녀를 바라보았다.

고민하던 이바노바가 딸을 향해 무겁게 입을 열었다.

"그래서 너는 이반 황태자를 도와야 한다는 말이냐?"

아나스타샤가 확고한 얼굴로 고개를 끄덕였다.

"당연히요."

"하지만 황태자를 어떻게 믿고? 교활한 모스크바 녀석들은 지방의 드보랸을 이용해먹고 아무렇지도 않게 버리곤 하지."

"그건 그렇지만……."

이번만은 아나스타샤도 뾰족한 해결책을 내놓지 못했다. 로마노바가 고개를 설레설레 흔들었다.

"역시 없애 버리는 것이……."

"방법이 있소!"

버럭 소리치는 이반의 얼굴을 이지와 아나스타샤와 로마노바가 흠칫 돌아보았다. 로마노바가 눈을 가늘게 뜨며 말했다.

"어디 그 방법이란 걸 들어보도록 할까?"

"……."

잠시 침묵하고 있던 이반이 강렬한 눈빛으로 아나스타샤를 쳐다보며 입을 열었다.

"로마노바 공, 당신의 딸과 내가 결혼을 하는 겁니다."

"뭐, 뭐라고?"

로마노바가 충격으로 눈을 부릅떴다. 이지도 입을 쩍 벌리고 이반을 보았다. 누구보다 놀란 사람은 아나스타샤였다. 그녀는 귀신이라도 만난 사람 같은 표정으로 이반을 뚫어져라 바라보았다. 한동안 딸과 이반의 얼굴을 번갈아 보던 로마노바가 골치 아픈 듯 손바닥으로 이마를 짚었다.

"정신이 하나도 없구나. 이 얘기는 나중에 결론을 내리도록 하자."

이지와 이반은 아나스타샤의 안내를 받으며 마을로 들어갔다. 허름한 통나무집들로 이루어진 마을은 가난해 보였다. 마을 곳곳에 세워진 망루와 고슴도치처럼 화살이 박힌 채 검게 그을린 방책들은 이곳이 최전선임을 말해주고 있었다. 마을 한복판에 돌을 쌓아 만든, 그나마 번듯한 이 층짜리 저택이 영주인 로마노바의 집이었다.

로마노바가 말에서 내리며 이반을 휙 째려보았다.

"나는 장수들과 회의를 좀 해야겠으니, 아나스타샤 네가 황태자를 방으로 안내해주어라."

"알겠습니다."

이반을 쏘아보는 로마노바의 눈빛이 사나워졌다.

"병사들이 저택 주변을 철통 같이 지키고 있을 거다. 도망칠 생각은 하지 않는 게 좋아."

이반이 히죽 웃었다.

"나는 곧 그대의 사위가 될 텐데, 왜 도망을 치겠소?"

"뻔뻔한 놈……!"

못마땅한 듯 이반을 보다가 로마노바가 빙글 돌아섰다. 멀어지는 로마노바의 뒷등을 바라보던 아나스타샤가 이지와 이반을 향해 싱긋 웃었다.

"아버지를 대신해 사과드립니다. 전쟁터에서만 살다 보니 많이 거칠어지셨답니다."

이반이 퉁명스럽게 대꾸했다.

"상관없소. 그보다 그대는 어떻게 생각하오?"

"뭘 말인가요?"

"나와의 결혼 말이오."

"그…… 그건 아버지와 드보란의 원로들이 결정하실 문제로……."

"늙은이들 말고 아나스타샤 그대의 생각을 묻고 있는 거요."

"저는…… 저는……."

이반이 똑바로 쳐다보자 아나스타샤는 얼굴을 붉히며 시선을 피하기에 급급했다. 휴우~ 정말 순진한 아가씨로군. 이지가 결국 그녀를 돕기 위해 나섰다.

"만난 지 얼마나 됐다고 그런 걸 묻는 거예요. 일단 이곳에서 며칠 보내며 친해지도록 하세요."

"흥, 여자들은 왜 이리 복잡한지 모르겠군."

이반이 툴툴거리며 저택 안으로 들어가 버렸다. 이반의 뒷모습을 바라보던 이지와 아나스타샤가 눈을 마주치며 어깨를 으쓱했다. 두 소녀의 입가에는 어느새 친근한 미소가 떠올라 있었다. 이지가 아나스타샤를 향해 손을 내밀었다.

"안녕, 나는 이지라고 해."

"나는 아나스타샤야."

아나스타샤의 손을 흔들며 이지가 빙그레 미소를 지었다.

"반가워, 아나스타샤. 너만 괜찮다면 우리 친구로 지내자."

"나도 그러고 싶지만……."

시무룩해지는 아나스타샤를 보며 이지가 고개를 갸웃했다.

"왜, 무슨 문제라도 있니?"

"그게 아니라…… 정말 나와 친구가 되어도 괜찮겠어?"

"그게 무슨 말이야?"

"네 남자친구가 나한테 청혼을 했잖아."

"뭐, 뭐라고?"

황당한 표정을 짓던 이지가 이내 배꼽을 잡고 웃었다.

"뭔가 단단히 오해를 했구나. 이반님은 내 남자친구가 아니야."

"정말?"

"응?"

"나는 두 사람이 틀림없이 좋아하는 사이라고 믿었는데……."

"흐음……."

이지는 턱을 매만지며 아나스타샤가 왜 그렇게 믿게 되었는지 곰곰이 생각해 보았다. 어쩌면 자신이 주노를 보듯 이반을 바라봤을지도 모를 일이었다.

"나와 이반님의 관계는 걱정할 필요 없어. 그보다는 아나스타샤의 마음이 중요하지 않을까? 이반님이 아나스타샤에게 청혼한 것은 드보랸의 힘을 이용해 모스크바의 보야르를 물리치려는 목적이 있기 때문이야. 그런 목적을 가지고 하는 결혼이 행복할 거라고 생각하지 않아."

아나타스탸가 수긍하듯 고개를 끄덕였다.

"시간을 두고 이반님의 진심을 알아볼 생각이야. 오직 목적을 위해서 나와 결혼할 생각이라면 당연히 거절해야지."

"아나스타샤는 총명하니까 최선의 선택을 하리라 믿어."

며칠이 쏜살같이 흘러갔다. 로마노바는 원로들과 회의실에 틀어박혀 꼼짝하지 않았고, 무료한 시간을 이반과 이지는 아나스타샤의 안내로 동부 평야에서 사냥을 즐기며 보냈다. 주로 토끼와 사슴을 사냥했지만 가끔은 양 떼를 습격하는 늑대를 사냥감으로 선택하기도 했다.

화창한 어느 오후, 세 사람은 아침 일찍부터 평야로 나와 사냥을 즐기고 있었다. 사슴 발자국을 쫓아 말을 달리던 세 사람이 우뚝 말을 멈추었다. 세 사람의 전방에 만년설이 쌓인 거대한 산맥이 펼쳐졌다.

"굉장하구나……!"

경외감 어린 목소리로 중얼거리는 이반 옆에서 아나스타샤가 말했다.

"우랄산맥이에요."

"흐음, 저곳이 바로……?"

이반이 이채를 띠고 서방과 동방을 나누는 경계선이 되는 산맥을 응시했다. 저 산 너머는 한때 세계를 주름잡았던 몽골족의 영역인 것이다. 아나스타샤가 걱정스런 표정으로 말했다.

"우랄산맥에는 아직도 몽골족이 출몰하고 있어요. 함부로 들어가면 위험합니다."

이반이 큼직한 사슴 발자국을 가리켰다.

"저 발자국을 보면 수놈 대장이 틀림없어. 여기까지 와서 포기할 수는 없지."

"아나스타샤의 충고를 들어요."

이지도 말리고 나섰지만 이반의 고집을 꺾을 수는 없었다. 그가 말을 재촉하며 소리쳤다.

"겁이 나면 두 사람은 여기서 기다리고 있으라고! 끼랴~"

산 아래 침엽수림을 향해 달려가는 이반을 이지와 아나스타샤가 황급히 쫓았다.

"기다려요!"

"이반님, 혼자 가면 위험해요!"

크허엉!

울창한 숲속에서 이반이 맞닥뜨린 것은 사슴이 아니라 호랑이었다. 그것도 보통 호랑이보다 덩치가 두 배쯤 더 거대한 시베리아 호랑이였다. 두 눈을 횃불처럼 이글거리며 걸어오는 호랑이를 보며 이반은 얼음처럼 굳어 버리고 말았다. 약간 떨어진 곳에서 이지와 아나스타샤도 옴짝달싹하지 못하고 굳어 있었다. 호랑이가 누런 송곳니를 드러낸 채 이반을 향해 천천히 다가왔다.

"도망쳐요! 전하, 도망쳐요!"

이지가 간신히 소리쳤지만 이반은 움직이지 못했다. 이제 이반이 호랑이의 먹잇감이 되는 것은 피할 수 없는 일처럼 여겨졌다. 호랑이가 자세를 낮추고 도약하려는 순간, 아나스타샤가 석궁을 겨누며 뛰어나갔다.

"건방진 호랑이야, 나한테 덤벼라!"

호랑이가 아나스타샤를 휙 돌아보았다. 순간 아나스타샤가 화살을 날렸고, 화살이 어깨에 박힌 호랑이가 펄쩍 뛰어오르며 비명을 질렀다. 하지만 그것으로 집채만 한 시베리아 호랑이를 쓰러뜨릴 순 없었다. 호랑이가 방향을 바꿔 아나스타샤를 향해 도약했다. 아나스타샤는 급히 새 화살을 장전하려 했지만 호랑이는 이미 그녀의 머리 위에 있었다.

아나스타샤는 최후를 각오하며 눈을 질끈 감았다. 솥뚜껑만 한 호랑이의 앞발이 그녀의 작은 얼굴을 부수려는 순간, 또 다른 화살이 쏜살같이 날아왔다. 화살은 정확히 호랑이의 관자놀이에 꽂혔다. 펄쩍 튕겨 올랐던 호랑이가 요란한 소리와 함께 땅바닥에 처박혔다.

"헉…… 허억……."

아나스타샤가 숨을 헐떡이며 자신 앞에 처박혀 있는 호랑이를 보았다. 석궁을 쥔 이반이 그녀에게 달려왔다.

"아나스타샤, 다친 곳은 없어?"

아나스타샤가 이반을 와락 끌어안았다.

"……!"

당황스런 표정을 짓고 있던 이반이 와들와들 떠는 그녀의 등을 쓸어주었다.

"괜찮아, 괜찮아."

아나스타샤가 이반으로부터 떨어지며 재빨리 한쪽 무릎을 꿇었다.

"고맙습니다, 전하. 전하는 제 생명의 은인이세요."

"그렇게 말하니 쑥스럽군. 네가 먼저 나를 구했잖아."

"저는 오늘의 일이 우연이 아니라고 생각합니다. 우리가 서로의 목숨을 구한 것은 어떤 운명이 아닐까요?"

잠시 호흡을 고른 아나스타샤가 진지하게 말했다.

"전하, 한 가지만 물을 테니 솔직하게 대답해 주실 수 있겠습니까?"

"약속하지."

"전하께서 제게 청혼한 이유가 단지 보야르를 물리치고, 왕좌를 되찾기 위해서는 아니시지요? 전하의 마음속에도 진정한 사랑을 소망하는 순수함이 존재하겠지요?"

"……."

이반은 한동안 입을 굳게 다물고 있었다. 아나스타샤는 물론 이지까지 불안한 눈으로 그런 이반을 주시했다. 이반의 입이 마침내 천천히 열렸다.

"약속대로 솔직하게 답하지. 내 마음속에 그런 순수함 따윈 없어."

"저, 전하……?"

아나스타샤를 쳐다보는 이반의 눈빛은 차가웠다.

"나는 원래 사랑이니, 순수함이니 이런 거 믿지 않아. 인간이란 원래 이기적인 존재야. 결국은 자기의 이익과 생존을 위해서 상대를 이용할 뿐이지. 나는 너와 결혼해서 원수 같은 보야르를 물리칠 거고, 너와 드보랸은 모스크바에서 권력을 잡게 될 거야. 이만하면 공평한 거래가 아닐까?"

"결혼이…… 거래라고요……?"

아나스타샤가 온몸을 부들부들 떨며 되물었다. 이반이 확신에 차서 고개를 끄덕였다.

"그래."

"아아……!"

휘청하는 아나스타샤를 이지가 재빨리 부축했다. 그리고 이반을 향해 빽 소리쳤다.

"그게 제정신이 박힌 사람이 할 소리예요?"

"쳇, 솔직하게 말했는데도 난리로군."

이반이 오히려 짜증을 부리며 돌아섰다. 말에 훌쩍 올라탄 이반이 이지와 아나스타샤만 버려두고 달려가버렸다.

"이반, 제멋대로인 녀석! 당장 돌아오지 못해?"

열이 받아 악을 쓰는 이지의 팔을 아나스타샤가 붙잡았다.

"이지, 그만해."

"뭘 그만해. 저런 이기적인 녀석은 혼을 내줘야……."

아나스타샤의 눈가에 눈물이 가득 고인 것을 발견한 이지가 멈칫했다.

"아나스타샤, 네 마음 잘 알아. 나도 이반이 저렇게까지 막돼먹은 녀석인 줄은 몰랐어."

아나스타샤의 눈에서 기어이 눈물이 주룩 흘렀다.

"내가 우는 건 이반님께 섭섭해서가 아니야. 오히려 그분이 불쌍해서야."

"뭐라고……?!"

"이반님이 크렘린궁에서 보야르에 의해 노예처럼 사육당한다는 소문을 들었어. 아무리 그래도 황태자께 설마 그러겠냐 싶었지. 그런데 오늘 보니 소문은 전부 사실이었던 것 같아. 가여운 전하. 어려서부터 얼마나 지독한 고난을 겪었으면 저리 사람을 믿지 못하시는 걸까?"

"아나스타샤, 너어 설마……?"

입을 쩍 벌리는 이지를 보며 아나스타샤가 확고한 표정으로 고개를 끄덕였다.

"나 결심했어. 이반님의 신부가 되어 저분을 어둠 속에서 빛의 세상으로 인도하기로."

 이지는 진심으로 아나스타샤를 말리고 싶었다. 사람이 그렇게 쉽게 변하지 않는다는 걸 이지도 알고 있기 때문이다. 그러나 아나스타샤가 어떤 가식도 없이 진심으로 이반의 영혼을 걱정하고 있음을 알기에 그럴 수가 없었다. 어쩌면 아나스타샤가 이반의 비뚤어진 영혼을 구원할지도 모른다고 생각하면서도 이지의 표정은 어두웠다.

 '그럼 아나스타샤의 영혼은 누가 구원해준단 말이야……?'

 이반과 아나스타샤의 결혼이 결정되었다. 이반 뿐 아니라 아나스타샤까지 동의하자, 로마노바와 드보란도 찬성했고 결혼식 준비는 일사천리로 진행되어 불과 닷새 후, 초원에서 식이 거행되었다.

 화창한 여름 아침, 러시아 동부에서 활약하는 수십 명의 드보란과 그들이 거느리고 온 삼만의 병력이 드넓은 평원에 집결했다. 가죽 옷을 입은 기마병들 한복판 높은 단 위에 예복을 차려입은 이반과 아나스타샤가 나란히 올랐다. 이지도 신부의 드레스 끝자락을 잡아 주며 함께 올라왔다. 두 사람은 단 한복판에 근엄한 표정으로 버티고 서 있는 로마노바 앞에 섰다. 눈을 부릅뜨고 이반과 아나스타샤의 얼굴을 바라보던 로마노바가 우렁찬 목소리로 물었다.

 "신랑은 신부를 사랑하고 평생 보살피겠는가?"

 "예."

 "신부는 신랑을 사랑하고 평생 따르겠는가?"

"예."

로마노바가 타원형으로 휘어진 칼을 뽑아들고 외쳤다.

"신의 이름으로 이반 황태자와 아나스타샤가 부부가 되었음을 선언하노라!"

동시에 주변을 겹겹이 에워싼 기마병들도 일제히 칼을 휘두르며 함성을 질렀다.

"이반 황태자 만세!"

"모스크바공국 만만세!"

오직 한 사람, 이지만은 근심 어린 눈으로 아직 앳된 신랑신부의 모습을 바라보고 있었다.

첫날밤의 달콤함을 느낄 겨를도 없이 그날 밤 바로 로마노바의 저택에서 회의가 열렸다. 횃불이 은은히 타오르는 널찍한 방안의 기다란 테이블에 로마노바를 중심으로 이반, 아나스타샤, 이지와 십 수 명의 드보랸이 둘러앉았다. 무거운 침묵이 방안의 공기를 짓눌렀다. 헛기침 소리 한 번 들리지 않는 가운데 이지는 심각하게 굳어 있는 사람들의 얼굴을 살폈다. 제일 먼저 입을 연 사람은 로마노바였다.

"우리 드보랸과 이반 황태자는 운명공동체가 되었다. 이제 모스크바로 진격해서 크렘린궁을 장악한 저 불충한 보야르를 몰아내야 하는데……."

로마노바가 말을 맺지 못하고 한숨을 푹 쉬었다. 이반이 로마노바의 말을 이어받았다.

"그런데 보야르와의 전투에서 이길 자신이 없으시다?"

"아시다시피 저들의 병력은 우리의 세 배가 넘습니다."

"나와 함께 진격하면 모스크바의 백성들이 합세할 거라고 하지 않았소?"

그때까지 침묵하고 있던 다른 드보랸들이 한 마디씩 했다.

"그것만 믿고 진격하기는 힘듭니다."

"백성들이 합류하지 않으면 우리만 희생당할 테니까요."

"모스크바에서 고립되면 우린 다 죽은 목숨입니다."

드보랸들을 둘러보는 이반의 입가에 비웃음이 걸렸다.

"촌구석의 귀족들께서 도시의 대귀족들에게 겁을 집어먹으셨군."

흥분한 드보랸 몇이 주먹으로 테이블을 내리쳤다.

"말씀이 지나치십니다!"

"드보랸을 모욕하지 마십시오!"

열이 받은 이반이 다시 쏘아붙이려는데 로마노바가 손을 뻗어 제지했다.

"아아…… 우리끼리 다투지 말고 방법을 찾아봅시다."

"으음……"

그때부터 이반과 드보랸들은 깊은 고민에 빠졌다. 이지와 아나스타샤도 마찬가지였다. 이지가 생각하기에 뾰족한 수는 없었다. 일단은 모스크바로 진격해서 부딪쳐 보는 수밖에 없는 것이다. 하지만 꿀 먹은 벙어리처럼 누구도 뻔한 진실을 입에 담으려 하지 않았다. 눈치나 살피는 드보랸들을 보며 이지는 이 사람들이 과연 이바노프처럼 무서운 보야르를 무찌를 수 있을지 슬슬 걱정이 되기 시작했다.

"나에게 좋은 방법이 있어요."

낮게 깔리는 소리로 말하는 아나스타샤를 이지가 홱 돌아보았다.

"무슨 방법인데?"

"일단 이반님이 우리 손에 살해당했다는 소문을 퍼뜨리는 겁니다."

로마노바와 이반이 동시에 눈을 부릅떴다.

"황태자가 죽었다고 소문을 내?"

"내가 왜 죽어?"

아나스타샤가 침착하게 설명했다.

"만약 이반님이 돌아가셨다는 소식이 크렘린궁에 전해지면 어떤 일이 벌어질까요?"

"그야……."

시선을 마주한 채 생각에 잠겨 있던 이반과 로마노바가 거의 동시에 신음처럼 내뱉었다.

"크렘린궁에 대혼란이 벌어지겠군."

"황태자가 사라졌으니 이바노프가 왕좌를 차지하려 할 테고, 나머지 유력 보야르들은 반기를 들 테니까."

"바로 그거예요."

빙그레 미소 짓는 아나스탸샤의 얼굴을 이반과 로마노프 그리고 이지가 감탄의 눈빛으로 바라보았다.

　이반이 우랄산맥 인근에서 암살당했다는 급보가 전해지자 아나스타샤의 예상대로 모스크바는 대혼란에 빠졌다. 보야르의 수장인 이바노프는 휘하의 병력을 동원하여 크렘린궁을 겹겹이 에워싸고 직접 왕좌에 오르려고 준비했다. 그때까지 이바노프와 손을 잡고 이반을 괴롭혔던 보야르들이 이런 이바노프의 움직임에 반기를 들고 역시 병력을 동원했다.

　며칠 만에 크렘린궁 앞 광장에서 이바노프파와 반 이바노프파 간에 전투가 벌어졌다. 이 전투로 수백 명의 병사들이 죽거나 다치고, 보야르 대여섯도 목숨을 잃었다. 결국 시민들에게까지 황태자 이반이 죽었다는 소문이 퍼졌다. 보야르의 횡포 때문에 모스크바 대공의 복위를 간절히 원하고 있던 시민들은 동요하기 시작했다. 모스크바는 극도의 혼란에 빠진 채 누군가 불만 댕기면 폭발할 화약고로 변해가고 있었다.

5
왕의 귀환

"이반 황태자를 죽인 범인을 체포하라!"

"보야르들은 황태자의 죽음에 책임을 져라!"

"보야르는 당장 모스크바에서 물러가라!"

무더운 한낮, 보야르의 군대가 통제하고 있는 모스크바 중심부로부터 약간 떨어진 볼가강 건너 마을에서 시민들이 시위를 벌이고 있었다. 볼가강은 모스크바로 통하는 관문이라 할 수 있는 곳으로, 이반의 죽음에 분노한 시민들의 손에는 낫과 도끼와 죽창 등이 들려 있었다. 보야르의 폭정에 시달리던 시민들은 당장이라도 폭동을 일으킬 기세였다. 이때 시민들 앞에 번쩍이는 갑옷과 창검으로 무장한 기마부대가 흙먼지를 일으키며 나타났다. 시위가 계속되고 있는 볼가강 근처의 마을들을 평정하기 위해 이바노프가 파견한 병력이었다. 콧

수염을 근사하게 기른 장교가 앞으로 나서서 기다란 검으로 시민들을 가리켰다.

"이바노프님의 명령을 전하겠다! 지금 즉시 해산하라! 계속 소동을 일으킨다면 볼가강의 마을을 모조리 불살라버릴 것이다!"

그의 근엄한 목소리는 곧 시민들의 강한 반발에 부딪쳤다.

"집어치워라!"

"이바노프가 뭔데 우리한테 명령을 내린단 말이냐?"

"보야르는 당장 모스크바를 떠나라!"

장교가 비웃음을 흘리며 명령했다.

"말로는 안 되겠군. 부대, 돌격!"

땅을 울리는 발굽 소리와 함께 기마부대가 시민들을 향해 돌격했다. 시민들도 낫과 도끼 등을 휘두르며 맞섰다. 하지만 잘 훈련받은 기마부대를 당해낼 수는 없었다. 시민들은 곧 피를 뿌리며 쓰러졌다. 사방에서 처절한 비명이 울렸다. 그래도 시민들은 물러서지 않았다. 당연히 대공에 올라야 할 황태자를 쫓아내서 죽이고, 도저히 감당할 수 없는 세금으로 자신들을 괴롭힌 보야르에 대한 원한이 그만큼 깊었다.

시민들이 기마부대에게 전멸당하기 직전, 거짓말처럼 구원자가 나타났다. 날카로운 뿔피리 소리와 함께 갑옷이 아닌 양가죽 옷을 걸치고, 타원형으로 휘어진 칼을 휘두르는 수만 명의 병력이 나타난 것이다.

"보야르의 개들을 처단하라! 나의 소중한 백성들을 보호하라!"

눈처럼 새하얀 백마를 타고 앞장서 달려오는 사람은 놀랍게도 황태자 이반이었다. 이지, 아나스타샤, 로마노바와 함께 용맹하게 칼을 휘두르는 이반을 발견하고 장교는 경악했다.

"이, 이럴 수가…… 죽었다는 이반 황태자가 어떻게……?!"

이반의 갑작스런 등장과 변방 기마부대의 기습으로 이바노프의 병력은 순식간에 수세에 몰렸다. 장교는 곧 말머리를 돌려 도망치기 시작했다.

"후퇴! 후퇴하라!"

이반이 검으로 볼가강을 가로지르는 다리를 가리키며 외쳤다.

"돌격! 단숨에 모스크바로 진격한다!"

아나스타샤가 이지와 함께 황급히 달려왔다.

"잠시 군을 정비하십시오, 전하!"

"아니오! 승기를 잡았을 때 단숨에 보야르의 군대를 몰아내야 하오!"

"하지만 우리가 시내로 진격하면 저희들끼리 다투던 보야르들이 힘을 합칠 수도 있습니다."

"저들에겐 그럴 시간조차 없을 것이오. 끼랴~"

로마노바 등과 함께 다리를 건너는 이반의 뒷모습을 아나스타샤는 걱정스럽게 쳐다보았다.

"저렇게 서두르시면 안 되는데……."

이번에도 아나스타샤의 예상은 적중했다. 자기들끼리 치열하게 암투를 벌이던 보야르가 눈앞에 위기가 닥치자 똘똘 뭉쳐버리고 만 것이다. 보야르들의 전 병력이 모스크바 한복판에서 이반의 군대와 충돌했다.

"와아아아!"

"보야르를 처단하라!"

"드보랸 촌놈들을 혼내줘라!"

모스크바 시민들을 공포에 떨게 만든 전투는 이틀 밤낮이나 계속되었다. 수천 명이 희생된 처절한 전투에서 이반은 패배하고 말았다. 드보랸의 군사들로는 하나로 뭉친 보야르의 대군을 감당할 수 없었던 것이다. 크렘린궁 앞까지 다가갔던 이반은 눈물을 머금고 볼가강을 건너 후퇴할 수밖에 없었다.

쏴아아아!

비가 쏟아지는 볼가강변에 이반의 진영이 세워졌다. 수백 개의 군막이 세워진 진영을 등지고 서서 이반은 비가 내리는 강과 그 너머 모스크바를 응시하고 있었다. 석상처럼 미동도 하지 않는 이반의 곁으로 갈대를 엮어 만든 우산을 든 아나스타샤가 다가왔다. 이반은 여전히 강 건너만 보고 있었다. 이반의 선명한 턱 선을 타고 빗물이 뚝뚝 떨어지는 것을 지켜보던 아나스타샤가 나직이 말했다.

"전하······."

"미안하게 생각해."

"예?"

"네 말을 듣지 않고 고집을 피우는 바람에 패배하고 말았지."

"자책하지 마세오. 사람은 누구나 실수를 하는 법입니다."

"적어도 나는 그래선 안 돼."

이반이 이글거리는 눈으로 아나스타샤를 돌아보았다.

"적어도 보야르에게 아버지와 어머니를 잃고, 크렘린궁에 갇혀 포로로 지낸 나에겐 그런 실수가 용납되지 않는단 말이야."

"……."

할 말을 잃고 이반의 얼굴을 바라보던 아나스타샤가 측은한 표정으로 중얼거렸다.

"죄송한 말씀이지만 전하도 실수할 수 있다는 사실을 인정해야 더 강해지실 수 있답니다."

"아니, 앞으로 나는 절대로 실수 같은 것은 하지 않을 생각이다. 그래서 보야르가 감히 똑바로 쳐다볼 수조차 없는 위대한 대공이 될 것이다."

이반이 다시 비 내리는 모스크바를 응시했다. 이반의 옆얼굴을 조용히 응시하던 아나스타샤가 우산을 천천히 늘어뜨렸다. 이반이 고개를 갸웃했다.

"왜 우산을 버리지?"

"전하께서 비를 맞으시니 당연히 함께 맞아야 하지 않겠어요."

"으음……."

"한 가지만 약속해 주세요, 전하."

"말해 봐라."

"적어도 전하께서 혼자가 아니라는 사실만은 기억해 주세요. 전하 곁에는 언제나 이 아나스타샤가 서 있을 테니까요."

자신의 어깨에 살며시 머리를 기대는 아나스타샤를 이반이 조용히 내려다보았다. 한참만에야 이반이 팔을 둘러 아나스타샤의 어깨를 감싸 안았다.

그날 밤 늦게 이반이 이지를 자신의 막사로 불렀다.

"으하암~ 이 늦은 시간에 무슨 일이에요?"

늘어져라 하품하며 막사 안으로 들어서던 이지가 흠칫했다. 촛불을 켜놓고 탁자에 앉아 있는 이반의 얼굴이 너무 심각해 보였기 때문이다.

"무슨 일 있어요?"

탁자에 마주앉는 이지를 보며 이반이 착 가라앉은 소리로 말했다.

"전황이 좋지가 않아. 이제 곧 장마가 시작될 텐데 그럼 식량이 충분한 보야르는 더 강해지고, 우리는 더 약해질 거야."

"그럼 빨리 방법을 찾아봐야지요."

"그래서 이지 너를 부른 거야."

"내가 무슨 도움이 된다고요?"

의아한 듯 묻는 이지를 향해 이반이 편지를 내밀었다.

"이 편지를 지니고 모스크바로 들어가서 누군가에게 전해 주고만 오면 돼. 그럼 우린 보야르를 물리칠 기회를 잡을 수도 있을 거야."

"대체 누구한테 전하면 되는데요?"

잠시 뜸을 들이던 이반이 눈을 반짝이며 내뱉었다.

"말류타 스쿠라토프."

"말류타 스쿠라토프? 그게 대체 누군데요?"

고개를 갸웃하던 이지의 머리에 한 사람의 모습이 떠올랐다. 크렘린에서 연회 도중 이바노프의 명령으로 이반을 죽이려고 했던 거인 병사였다. 이지의 표정이 황당하게 변했다.

"하지만 그 남자는 이바노프의 충복이잖아요. 그런 자한테 편지를 보내서 뭘 어쩌자는 거예요?"

"일단 전하고만 오면 돼. 그 다음은 스쿠라토프가 알아서 할 거야."

찜찜한 표정을 짓던 이지는 결국 고개를 끄덕이고 말았다.

비가 그친 다음 날 새벽 이지는 강을 건넜다. 사과가 가득 담긴 바구니를 짊어진 채였다. 얼굴과 튜닉에 일부러 흙을 덕지덕지 묻힌 그녀는 모스크바 시내로 과일을 팔러 가는 시골아이처럼 꾸민 것이다. 중간 중간에 보야르의 병사들이 감시의 눈을 번뜩이고 있었지만 가냘픈 소녀를 특별히 의심하지는 않았다. 검문소를 통과하자마자 그녀는 크렘린궁을 향해 전속력으로 달렸다.

점심 무렵, 이지는 크렘린궁 앞에 도착했다. 하지만 궁 안으로 들어갈 방법이 없었다. 이때 일단의 성직자들이 궁 앞 광장 쪽으로 줄을 맞춰 걸어오는 게 보였다. 행렬의 중간에서 두건을 눌러쓴 사제들이 검은 관을 메고 있는 것으로 보아 밖에서 죽은 귀족의 장례 행렬인 것 같았다. 아마도 크렘린궁 안에 위치한 우스펜스키 대성당으로 향하는 것이리라. 눈치를 살피던 이지가 재빨리 사제들 사이로 끼어들었다. 그리고 고개를 푹 숙인 채 문을 통과했다. 다행히 경비병들이 이지를 불러 세우거나 하지는 않았다.

"으아아!"
우장창!
맹수의 포효 같은 괴성과 함께 탁자 위에 놓인 음식 접시들이 방바닥으로 떨어졌다. 좁은 숙소 안에서 점심상을 뒤엎은 채 씩씩거리는 거인은 바로 스쿠라토프였다. 그는 여전히 흉터로 덮인 맨 상의를 드러낸 채였다. 스쿠라토프가 이를 갈아붙이며 내뱉었다.
"이반에게 패한 이후, 이바노프님은 나에 대한 믿음을 잃었어. 그러니 드보랸과의 전투에 나를 대신해 빅토르 그놈을 선봉장으로 내보내셨겠지."
스쿠라토프의 눈이 섬뜩하게 빛났다.
"이대로는 안 돼. 무언가 방법을 생각해내지 못하면 다시 노예로 전락하고 만다."
똑똑!
"누구야?!"
노크소리가 들리자 스쿠라토프가 방문을 돌아보며 버럭 소리쳤다.

방문이 빼꼼 열리며 뜻밖에도 어린 소녀 하나가 들어왔다. 쭈뼛거리며 앞에 서는 소녀를 스쿠라토프가 의아한 듯 쳐다보았다.

"너는 누구냐?"

"안녕하세요? 그간 잘 지내셨죠?"

"나를 만난 적이 있나? 나는 너를 처음 본 것 같은데."

"왜 그때 이반 황태자님과 대결을 벌일 때요……. 그때 제가 이반님 옆에 있었잖아요."

"아……!"

그제야 스쿠라토프도 이지의 얼굴을 기억해냈다. 그가 더욱 퉁명스런 목소리로 물었다.

"황태자와 탈출한 걸로 아는데, 대체 왜 나를 찾아왔지?"

"이반님께서 이걸 전하라고 하셨어요."

"이게 뭐냐?"

자신이 건넨 봉투에서 편지를 꺼내는 스쿠라토프를 보며 이지가 고개를 저었다.

"저도 잘 몰라요. 그냥 편지를 읽어 보면 모든 걸 알 수 있다고 했어요."

"애송이 황태자가 쓸데없는 짓을 벌이는군."

스쿠라토프가 불만 가득한 표정으로 편지를 읽기 시작했다. 하늘이 무너져도 눈 깜짝 안 할 것 같던 그의 미간에 깊은 주름이 잡히는 것을 이지는 똑똑히 보았다. 편지를 잡은 그의 손도 가늘게 떨리고 있음을 이지는 놓치지 않았다. 한참만에야 스쿠라토프가 편지를 내려

놓으며 이지의 얼굴을 바라보았다. 한동안 입을 굳게 다문 채 이지의 얼굴을 응시하던 그가 천천히 입을 열었다.

"황태자께 가서 전해라. 시키는 대로 할 테니, 약속은 꼭 지키셔야 한다고."

"……!"

한결 누그러진 목소리를 들으며 이지는 어리둥절했다. 스쿠라토프가 왜 갑자기 이반의 부하처럼 말을 하는지 알 수가 없었기 때문이다. 이지가 감사의 말을 남기고 돌아섰다.

"이반님의 뜻에 따라준다니 고마워요. 그럼 안녕히 계세요."

이지가 사라지고 문이 닫히자 스쿠라토프가 신음처럼 중얼거렸다.

"이대로 가면 이바노프님에게 버림받을 게 뻔해. 차라리 그 전에 내 손으로 주인을 바꾸고야 말겠다."

"와아아!"

"불이야!"

"시내에 불이 났다!"

그날 밤, 모스크바 중심부에서 큰 화재가 발생했다. 때마침 불어온 강풍을 타고 불은 삽시간에 시내 전체로 번졌다. 불길을 피해 이리저리 뛰어다니며 시민들은 악을 써댔다.

"보야르의 군대가 불을 질렀다!"

"원수 같은 보야르를 죽이자!"

성난 시민들은 화재의 책임을 이바노프 등의 보야르에게 돌렸다. 그것은 순전히 스쿠라토프 때문이었다. 그가 자신의 부하들과 함께 보야르 군대의 갑옷을 입은 채 시내 곳곳에 불을 지르고 도망친 것이다. 물론 이것은 이반이 편지를 통해 스쿠라토프에게 특별히 부탁한 일이었다.

날이 밝고 나서야 화재는 간신히 진압되었다. 하지만 모스크바 시민들 중 절반이 집을 잃었다. 폐허로 변한 채 흰 연기만 뭉실뭉실 피워 올리는 집터를 멍하니 바라보는 시민들의 손과 손에 도끼와 쇠스랑이 들려 있었다. 분노에 찬 시민들의 숫자는 순식간에 수천, 수만으로 불어났다.

"보야르를 죽여라!"

"대귀족들을 크렘린에서 끌어내자!"

성난 시민들의 물결이 크렘린궁으로 향했다. 이반의 군대를 물리칠 작전을 짜고 있던 이바노프와 보야르들은 이 갑작스런 공격에 놀라 급히 군대를 파견했다. 크렘린궁 근처에서 치열한 전투가 벌어졌다. 무기조차 변변하지 못한 시민들은 정예군의 상대가 되지 못했다. 숱한 시민들이 피를 흘리며 쓰러졌고, 모스크바 중심부는 온통 피에 물들었다. 그래도 시민들은 포기하지 않았다. 점점 더 많은 시민들이 몰려들었고, 보야르의 군대는 조금씩 지쳐가기 시작했다. 결국 하루 밤과 하루 낮 동안의 전투를 치룬 후에 군대는 크렘린궁 안으로 퇴각할 수밖에 없었다.

궁은 곧 성난 시민들에게 완전히 포위당하고 말았다. 이바노프가 스쿠라토프를 거느리고 궁을 감싼 벽 위로 헐레벌떡 달려 올라왔다. 광장을 가득 메운 살기등등한 시민들을 내려다보며 이바노프가 질린 듯 중얼거렸다.

"저게 대체 몇 명이야?"

스쿠라토프가 대답했다.

"족히 십만은 될 것 같습니다."

이바노프가 주먹을 부르르 떨며 분통을 터뜨렸다.

"대체 어떤 놈이 시내에 불을 지른 거야? 그놈을 잡기만 하면 절대로 살려두지 않을 테다. 스쿠라토프!"

"옙!"

"시민들이 문을 부수고 들어오지는 않겠느냐?"

"보야르의 전 병력이 철통같이 지키고 있으니 그런 일은 없을 겁니다. 시간이 흐르면 시민들도 뿔뿔이 흩어질 테니, 너무 걱정하지 마십시오."

"그래, 이번 일만 잘 마무리되면 네게 큰 상을 내릴 것이다."

"감사합니다."

쿵…… 쿵…… 쿵……!

밤이 되었지만 성난 시민들이 문을 두드리는 소리는 점점 높아져만 갔다. 사력을 다해 문을 막고 있는 병사들은 점점 지쳐갔다. 이때 스쿠라토프가 일단의 병사들을 이끌고 나타났다.

"오셨군요, 스쿠라토프님."

"새 병력과 교대를 시켜주시는 겁니까?"

반가워하는 병사들을 향해 스쿠라토프와 그가 끌고 온 병사들은 검을 뽑았다. 그리고 문을 지키던 병사들을 가차 없이 베기 시작했다.

"으악!"

"크아악!"

"대체 왜 같은 편을 해치는 거냐?"

문 앞을 지키던 모든 병사들이 피를 흘리며 뒹굴자 스쿠라토프가 명령했다.

"문을 열어라."

끼기기기긱……!

커다란 굉음을 울리며 문이 천천히 열렸다. 그리고 그 틈으로 마치 거대한 둑이 터진 듯 살기와 광기로 눈이 뒤집힌 시민들이 쏟아져 들어왔다. 흥분한 시민들은 심지어 문을 열어준 스쿠라토프에게도 덤벼들어 스쿠라토프는 안쪽으로 황급히 물러서야 했다. 이때 안쪽에서 이바노프와 보야르들이 병력을 이끌고 달려 나왔다.

이바노프가 스쿠라토프를 향해 황급히 물었다.

"대체 어떻게 된 일이냐?"

"시민들이 문을 돌파했습니다."

"멍청한! 너는 뭘하고 있었느냐?"

"너무 갑작스럽게 벌어진 일이었습니다."

"이놈들, 어떻게든 학살만은 막으려고 했더니만…… 우리가 네깟 것들이 무서워서 참은 줄 아느냐?"

이바노프가 주먹을 번쩍 쳐들자 보야르의 병사들이 시민들을 향해 돌진하기 시작했다. 시민들도 병사들을 향해 달려갔다.

"와아아아아-!"

바야흐로 크렘린궁 안에서 모스크바 시민들과 보야르의 군대 사이에 정면충돌이 벌어지려 하고 있었다.

뿌우우우우-

고막을 찢어발길 듯한 뿔피리 소리가 울린 것은 그때였다. 그 소리가 어찌나 크고 날카로운지 시민들도, 병사들도 일제히 동작을 멈추고 문 쪽을 돌아보았다.

스쿠라토프와 함께 문 쪽으로 시선을 옮기던 이바노프가 충격으로 눈을 부릅떴다.

"저…… 저럴 수가…… 이반이 어떻게 벌써 이곳까지?!"

활짝 열린 문을 통과해 말을 몰고 천천히 들어오는 것은 이반과 이지, 아나스타샤, 로마노바를 비롯한 드보랸의 기마부대였다. 안쪽 광장을 가득 메우고 있던 시민들이 양옆으로 갈라지며 이반을 향해 머리를 조아렸다.

"황태자전하!"

"전하를 뵈옵니다!"

이반이 스쿠라토프와 병사들의 호위를 받으며 서 있는 이바노프 앞에 우뚝 멈춰 섰다. 이반이 비웃음을 머금은 채 분노로 부들부들 떨고 있는 이바노프의 얼굴을 지그시 바라보았다.

"오랜만이오, 이바노프 공? 안 보는 사이에 많이 늙으셨구려."

"이반 이놈……!"

이를 갈아붙이는 이바노프를 향해 이반이 차분하게 말했다.

"자, 이쯤에서 서로에 대한 원한은 잠시 잊고 혼란을 수습하는 게 어떻겠소?"

"무슨 뜻이냐?"

이반이 바로 옆의 아나스타샤를 힐끗 돌아보았다.

"나는 동쪽 변경의 드보랸 수장인 로마노바의 영애 아나스타샤와 결혼했소."

이바노프가 피식 웃었다.

"목숨을 구걸하기 위해 촌놈의 딸년과 결혼했다는 소문은 들었지."

"네 이놈, 무엄하구나!"

발끈하여 칼을 뽑는 로마노바를 이반이 재빨리 팔을 뻗어 제지했다. 그리고 이바노프와 보야르들을 향해 설득조로 말을 이었다.

"오늘 우리가 여기서 전투를 벌이면 양쪽 다 치명상을 피할 수 없을 거요. 그렇게 되면 서쪽이나 북쪽 혹은 남쪽의 귀족들이 주인 없는 왕좌를 차지하기 위해 모스크바로 몰려들 테지. 설마 그런 일이 벌어지는 걸 원하지는 않겠지요?"

"그래서 하고 싶은 말이 뭐냐?"

"이제 결혼도 했으니 나는 모스크바대공으로 즉위할 생각이오."

이바노프가 흠칫 놀랐다.

"즉위?"

그동안 이바노프와 보야르는 이반이 너무 어리다는 이유로 그의 즉위를 막아왔다. 하지만 이반의 머리가 희끗해진다 해도 그들은 황태자를 대공으로 만들 생각은 추호도 없었다. 그러나 지금은 사정이 많이 달라졌다. 이반의 말대로 협상을 거부하고 전투를 벌인다면 양쪽 다 망해버릴 것이다.

"크흐음……."

이를 악물고 이반과 눈싸움을 벌이던 이바노프가 나직이 내뱉었다.

"네가 대공이 되면 우리는 무엇을 얻게 되지?"

"보야르는 아무것도 얻지 못하오."

"무엇이?"

"대신 잃는 것 또한 없으리라 약속하오."

"……!"

순간 이바노프와 보야르들이 눈을 부릅뜨고 서로의 얼굴을 마주보았다. 교활하게도 이반은 자신을 대공으로 인정해 주는 대신 보야르가 누렸던 특권을 보장해 주겠다는 조건을 제시하고 있는 것이다. 이반으로선 손해 볼 일이 없는 것이 일단 대공으로 즉위하면 그의 힘은 점점 강해질 것이기 때문이다. 보야르로선 참으로 받아들일 수도, 받아들이지 않을 수도 없는 제안이었다.

한참만에야 이바노프가 천천히 고개를 끄덕였다.

"좋소, 우리 보야르는 황태자께서 대공으로 즉위하는 데 반대하지 않을 것이오."

"고맙소, 나 또한 이바노프 공을 비롯한 보야르의 권리를 침해하지 않겠소."

상황이 예상 밖으로 전개되자 당황한 것은 시민들이었다. 그들이 황태자를 위해 기꺼이 피를 흘린 것은 지긋지긋한 보야르의 폭정에서 자신들을 구해 주리란 믿음 때문이었다. 그런데 자신들의 눈앞에서 황태자는 보야르의 권리를 지켜주겠다는 약속을 하고 있지 않은가. 웅성거리던 시민들 중 대표로 보이는 남자 셋이 앞으로 나왔다. 그리고 이반을 향해 억울한 듯 소리쳤다.

"저희는 받아들일 수 없습니다!"

"보야르를 모스크바에서 쫓아내 주십시오!"

"저들은 오랜 세월 모스크바 시민들을 학대한 죄인입니다!"

묵묵히 듣고 있던 이반이 감정의 기복이 느껴지지 않는 목소리로 말했다.

"그대들의 마음은 잘 알고 있다. 하지만 정치는 짐과 귀족들이 알아서 할 테니, 그대들은 집으로 돌아가 생업에 종사하도록 하라."

이때 우락부락하게 생긴 대표가 참지 못하고 분통을 터뜨렸다.

"대체 무슨 말을 하시는 겁니까? 우리들이 피를 흘리며 싸운 것은 보야르를 무찌르기 위해서였습니다! 보야르와 결탁하는 대공이라면 우린 그런 대공 필요치 않습니다!"

순간 이반의 눈빛이 서늘하게 변했다.

"방금 뭐라고 했지……?"

이를 갈아붙이며 이반을 쏘아보던 남자가 다시 한 번 말했다.

"보야르와 결탁하는 대공은 필요 없다고……."

남자가 말을 마치기도 전에 이반이 주먹을 번쩍 쳐들었다. 동시에 로마노바가 가차 없이 석궁을 발사했다.

"커허억!"

화살에 목을 관통당한 남자가 핏물을 토하며 쓰러졌다. 나머지 두 남자도 곧 화살을 맞고 고꾸라졌다. 혼란과 공포에 싸인 시민들을 둘러보며 이반이 서늘한 목소리로 말했다.

"나는 사랑스런 백성들을 해치고 싶지 않다. 하지만 계속 나의 권위에 도전한다면 철퇴를 가할 수밖에 없다. 늦기 전에 빨리 집으로 돌아가길 권고하노라."

시민들은 배신감과 무력감에 싸인 채 결국 하나둘 돌아서기 시작했다. 동료들의 시체를 끌고 궁을 빠져나가는 그들의 뒷모습을 이지는 슬픈 눈으로 바라보았다. 힐끗 돌아보니 아나스타샤도 눈물을 글썽이고 있었다. 그녀도 이반이 저 가엾은 시민들에게 얼마나 몹쓸 짓을 했는지 똑똑히 알고 있는 것 같았다.

그로부터 사흘 후, 크렘린궁에 속해 있는 우스펜스키 대성당에서 이반의 대관식이 엄숙하게 거행되었다. 이바노프를 비롯한 보야르와 로마노바를 비롯한 드보랸이 성당에 모여 화려한 예복을 입은 대공과 황후의 머리에 대주교가 왕관을 씌워주는 모습을 지켜보았다. 이로써 이반은 모스크바대공 이반 4세가 되었다. 러시아에서 몽골 세력을 몰아낸 할아버지 이반 3세의 이름을 이어받은 것이다. 이반이 아나스타샤와 함께 보야르와 드보랸을 향해 돌아섰다. 강렬한 눈빛으로 이바노프와 로마노바를 비롯한 귀족들의 얼굴을 살피던 이반이 오른팔을 번쩍 쳐들며 우렁차게 선언했다.

"오늘부터 모스크바 공국을 라씨야라 칭할 것이다! 그리고 짐은 할아버지 이반 대제를 이어받았으므로, 이제부터 차르라 불릴 것이다!"

보야르들이 불안한 듯 웅성거렸다.

"차르라면 황제라는 뜻이 아닌가?"

"결국 권력을 독식하겠다는 뜻이로군."

이때 로마노바가 자리에서 일어나 앞으로 뚜벅뚜벅 걸어 나왔다. 그리고 드보랸을 향해 돌아서서 양 팔을 번쩍 쳐들었다.

"이반 차르 만세!"

드보랸들이 일제히 자리를 박차고 일어나 양팔을 들어올렸다.

"이반 차르 만세!"

"라씨야 만만세!"

당황스런 눈으로 로마로바와 드보랸들을 바라보던 이바노프와 보야르들도 자리에서 일어섰다. 결국 보야르들도 드보랸처럼 팔을 쳐들며 만세를 외칠 수밖에 없었다. 경쟁적으로 만세를 외치는 보야르들과 드보랸들을 이반이 의미심장한 미소를 머금은 채 굽어보고 있었다.

6
차르 이반

"오늘처럼 기쁜 날 대체 왜 그리 슬픈 표정을 하고 있는 거요?"

예전에 살던 곳과는 비교조차 할 수 없을 정도로 넓고 화려한 차르의 집무실로 들어서며 이반은 아나스타샤에게 물었다. 하지만 아나스타샤는 시무룩한 표정을 풀지 않았다. 이반이 손으로 이마를 짚으며 짜증스럽게 투덜거렸다.

"아, 여자들이란 정말이지……."

긴 드레스를 입은 아나스타샤를 부축해 함께 들어온 이지가 답답함을 참지 못하고 이반을 향해 쏘아붙였다.

"그걸 정말 몰라서 물으세요?"

이반이 이지를 휙 째려보았다.

"내가 황후에게 무슨 실수라도 저질렀단 말이냐?"

"사흘 전 광장에서 죄 없는 시민들을 살해했잖아요. 그리고 보야르와 야합해서 한결같이 폐하를 지지해 온 그들의 희망을 단숨에 짓밟아 버렸죠. 황후께선 시민들이 가여워서 기뻐할 수가 없는 거라고요."

순간 이반의 표정이 겨울 들판처럼 싸늘하게 변했다. 아나스타샤의 얼굴을 지그시 바라보던 이반이 착 가라앉는 소리로 말했다.

"그 일은 나로서도 어쩔 수 없었소. 황후가 이해하시오."

"하지만 시민들이 너무 불쌍해요, 폐하."

"시민들은 권력을 무너뜨릴 순 있어도 권력을 세울 수는 없어!"

이반이 버럭 고함치자 아나스타샤와 이지는 움찔했다. 이반이 무시무시한 눈으로 두 여자를 쏘아보았다.

"시민들을 제지하지 않았으면 그들은 결국 궁에 불을 지르고, 보야르는 물론 황제까지 해쳤을 거야! 왜냐하면 그들을 억압하고 괴롭힌 것은 역대 황제들 역시 마찬가지였으니까!"

"……."

이지는 잠시 할 말을 잃고 씩씩대는 이반의 얼굴을 멍하니 바라보았다. 듣고 보니 이반의 말도 맞는 것 같았기 때문이다. 하지만 아나스타샤는 동의할 수 없는 듯했다.

"물론 흥분한 시민들이 폭도로 변할 수도 있겠죠. 하지만 시민들은 폐하를 존경하니, 폐하께서 그들을 잘 설득할 수도 있지 않았겠습니까?"

"꿈같은 소리요."

"단지 위험할지도 모른다는 걱정 때문에 시민들의 희망을 짓밟은 것은 너무 잔인해요."

"끄으으……."

아나스타샤가 끝내 승복하지 않자 이반은 머리끝까지 화가 치민 것 같았다. 아나스타샤를 지그시 노려보며 그가 냉담하게 말했다.

"그럼 좀 더 솔직하게 말해 줄까?"

아나스타샤가 고개를 살짝 끄덕였다.

"예, 다른 이유가 있다면 듣고 싶습니다."

"실은 황후의 아버지인 로마노바와 이번에 짐을 위해 군대를 동원한 드보랸을 견제하기 위해서였소."

"그게 무슨 말씀이신지……?"

"만약 이바노프와 보야르를 크렘린궁에서 완전히 몰아낸다면 그 다음에는 어떤 일이 벌어질 것 같소?"

"……."

"그들을 대신해 로마노바와 드보랸이 권력을 독점하고 짐에게 도전하기 시작하겠지."

아나스타샤가 말도 안 된다는 듯 항변했다.

"그렇지 않습니다, 폐하. 아버지는 오직 폐하에 대한 충성심뿐입니다."

이반이 피식 헛웃음을 흘렸다.

"이바노프도 원래는 내 아버지의 둘도 없는 충신이었지. 그런 그가 지금 어떻게 변했는지 보시오."

"폐하……."

"궁 밖의 시민들은 크렘린궁 안의 보야르와 드보랸을 견제할 거요. 궁 안에선 보야르와 드보랸이 서로를 견제하는 거지. 그렇게 서로가 서로를 견제하고 미워할수록 왕좌는 튼튼해진다는 말이오. 이제 내가 왜 시민들을 궁 밖으로 쫓아냈는지 이해가 되시오?"

"……!"

엄청난 충격으로 안색이 하얗게 질려 버린 아나스타샤가 야비하게 미소 짓는 이반의 얼굴을 멍청히 보았다. 이지가 아나스타샤의 옆으로 다가가 그녀의 팔을 살며시 잡았다. 이지는 자신의 부인에게까지 잔인하게 구는 이반이 새삼 비뚤어진 남자라고 생각했다. 그렇다고 그의 말을 반박할 수는 없었다. 모두 정확하게 맞아떨어지는 말로 여겨졌기 때문이다. 아나스타샤가 입을 다문 것도 아마 같은 이유에서일 거라고 이지는 생각했다.

아나스타샤가 이반을 향해 정중히 머리를 숙였다.

"저는 이만 돌아가 보겠습니다."

"그렇게 하시오."

힘없이 돌아서는 아나스타샤를 이지가 부축했다.

"아나스타샤, 나와 함께 가자."

아나스타샤가 이지의 손을 가볍게 뿌리쳤다.

"난 괜찮으니까 이지도 좀 쉬도록 해."

"하지만……"

"정말 괜찮아. 걱정하지 않아도 돼."

비틀거리며 집무실을 빠져나가는 아나스타샤의 뒷모습을 이지가 걱정스럽게 쳐다보았다. 이자가 이반을 향해 빙글 돌아서며 화를 냈다.

"너무하는 거 아니에요?"

"내가 뭘?"

"몰라서 물어요? 아나스타샤한테 상처를 줬잖아요?"

"그러게 그만하랄 때 그만했으면 좋았잖아. 여자들은 늘 말이 너무 많아서 골치라니까."

"하아……."

이지가 한숨을 푸욱 쉬었다. 세상에서 가장 이기적인 이 남자에겐 도무지 말이 통하지 않는 것이다. 이지가 고개를 설레설레 흔들며 돌아섰다.

"저도 그만 숙소로 가 볼게요."

"잠깐 기다려라."

"왜요, 아직도 할 말이 남았나요?"

"그게 아니라 네가 만나볼 사람이 있다."

순간 집무실 문이 활짝 열리며 십여 명의 병사들이 들어왔다. 병사들이 유난히 창백한 안색의 청년을 끌고 오고 있었다. 청년을 알아본 이지가 신음처럼 중얼거렸다.

"시종장 아다셰프……?

로마노바의 부하인 병사들이 이반과 이지 앞에 아다셰프를 거칠게 무릎 꿇렸다. 살기등등한 병사들에게 둘러싸인 채 아다셰프가 자신 앞에 당당하게 서 있는 이반을 올려다보았다. 이지가 황당한 듯 이반을 돌아보았다.

"지금 뭐하는 거예요?"

"보야르에 붙었다 나한테 붙었다 하는 박쥐같은 시종장에게 벌을 내리려는 것이다."

"우리가 누구 때문에 크렘린궁을 탈출할 수 있었는지 잊었어요?"

"물론 기억하고 있어. 하지만 여우처럼 교활한 아다셰프가 나를 위해 모험을 감수했을까?"

이반이 확신에 차서 고개를 가로저었다.

"아니, 이 녀석은 단지 투자를 한 것뿐이야. 혹시라도 내가 살아서 돌아와 권력을 잡게 되면 자기한테도 콩고물이 떨어질 테니까."

이지가 당황스런 눈으로 아다셰프를 보았다. 아다셰프는 히죽 웃으며 고개를 끄덕였다.

"맞습니다, 이반님. 저는 분명히 투자를 했지요."

"네놈이 아직도 내 이름을 부르는구나. 내가 차르로 등극했음을 모르느냐?"

"물론 잘 알고 있습니다. 하지만 아직은 진정한 차르가 아니죠. 호랑이 같은 보야르와 늑대 같은 드보랸 사이에서 아슬아슬하게 왕좌를 유지하고 있는 반쪽짜리 차르니까요."

"그래서 살려달라고 애원하지 않겠다?"

"죽이려면 죽이십시오. 이반님의 성격상 뜻밖의 곤욕을 치르게 될지도 모른다고 생각했습니다만."

이반이 눈을 치켜뜨고 아다셰프의 얼굴을 뚫어져라 쏘아보았다. 이지가 이반을 향해 질린 듯이 중얼거렸다.

"아니지? 설마 생명의 은인을 죽이지는 않겠지?"

하지만 이지의 말이 오히려 이반의 비틀린 성격을 자극한 것 같았다.

"광장으로 끌어내서 처형하라!"

"옙!"

고개를 팍 숙여 대답한 병사들이 아다셰프의 양쪽 팔을 잡고 질질 끌고나갔다. 밖으로 끌려 나가며 아다셰프가 고함을 질러댔다.

"잊지 마십시오, 이반님! 당신은 아직 진정한 차르가 아닙니다!"

"괘씸한 놈, 끝까지 잘난 척이로군."

이를 갈아붙이는 이반을 향해 이지가 급히 말했다.

"아다셰프를 죽이면 안 돼요. 그는 우리 편이 되어줄 수 있는 사람이라고요."

"잔머리를 굴리는 녀석은 필요 없어. 지금 내게 필요한 사람은 진정한 충신이란 말이다."

"이반님은 너무 독단적이에요."

고개를 절레절레 흔드는 이지를 스쳐 이반이 걸음을 옮겼다.

"우리도 슬슬 가보도록 하자."

"어딜요?"

이반이 이지를 돌아보며 씨익 웃었다.

"아다셰프가 과연 최후의 순간에도 당당할 수 있는지 보잔 말이다."

아다셰프는 광장 한복판에 무릎을 꿇고 앉아 있었다. 살기등등한 병사들이 그를 에워싸고, 이바노프를 비롯한 보야르들과 로마노바를 비롯한 드보랸들이 주변에 둥글게 모여 서 있었다. 젊은 시종장은 보야르를 위해 봉사했지만 이바노프는 그를 구해 줄 생각이 없는 것 같았다.

콧잔등에 칼자국이 그어진 병사 한 명이 타원형으로 휘어진 칼을 뽑으며 아다셰프의 등 뒤에 섰다. 병사가 시종장의 목을 노리고 천천히 칼을 쳐들었지만 급박한 상황에서도 아다셰프는 눈도 깜빡하지 않았다. 그는 죽음을 각오한 사람처럼 보였다. 이때 귀족들이 양옆으로 물러서며 이반과 이지가 나타났다.

이반과 이지는 이바노프와 로마노바의 사이로 섰다. 이반이 희미하게 미소 지으며 아다셰프를 쳐다보았다. 두 사람은 한동안 기 싸움을 벌이듯 시선을 마주치고 있었다. 이지가 칼을 쳐든 병사를 향해 고개를 끄덕였다. 그것을 신호로 병사가 시종장의 목을 노리고 칼을 내리쳤다.

"잠깐만-!"

아다셰프의 입에서 고함이 터져 나온 것은 그때였다.

"으윽!"

차르 이반 143

병사가 아다셰프의 목 바로 위에서 가까스로 칼날을 멈추었다. 숨을 헐떡이는 아다셰프의 얼굴을 이반과 이지를 비롯한 모든 사람들이 뚫어져라 응시했다. 땀범벅으로 변한 얼굴을 들어 아다셰프가 이반을 보았다.

"할 말이 있습니다."

이반이 히죽 웃었다.

"갑자기 유언이라도 남기고 싶어졌나?"

"그게 아니라……."

아다셰프가 이바노프와 이반의 얼굴을 번갈아 쳐다보며 망설였다. 이반이 짜증이 치민다는 듯 버럭 소리를 질렀다.

"당장 저 반역자의 목을 치지 않고 뭘하고 있느냐?"

깜짝 놀란 병사가 다시 칼을 쳐들었다. 동시에 아다셰프가 왈칵 눈물을 쏟으며 외쳤다.

"으흐흑! 제가 잘못했습니다! 한 번만 용서해 주시면 충성을 바치겠습니다, 폐하!"

"아아……!"

순간 이지의 입에서 신음이 새어나왔다. 자존심 강한 아다셰프가 저렇게 무너지리라곤 미처 예상하지 못했던 것이다. 광장 바닥에 이마를 박은 채 흐느끼고 있는 아다셰프를 이반이 거만하게 내려다보았다. 잠시 후, 이반이 병사들을 향해 선심이라도 쓰듯 명령했다.

"아다셰프를 일단 지하 감옥에 가둬라. 형 집행은 잠시 연기한다."

"알겠습니다, 폐하."

이반이 빙글 돌아서자 이지도 황급히 따라갔다. 이반을 쫓아 걸음을 옮기며 이지는 힐끗 이바노프를 보았다. 보야르의 우두머리인 그의 표정은 아다셰프에 대한 실망감으로 일그러져 있었다.

"대체 아다셰프에게 왜 그런 모욕을 안긴 거예요?"

이반과 복도를 나란히 걸어오며 이지가 물었다. 이반은 대답하기 귀찮다는 듯 묵묵히 앞만 보고 걸었다. 그렇다고 포기할 이지가 아니었다.

"언제까지 옛날의 원한에 매여서 주변 사람들을 적으로 만들 셈이에요? 이제 차르가 되었으니 너그럽게 행동하셔야……."

"아다셰프가 나의 적이 되었다고 생각하나?"

"……!"

이반이 갑자기 걸음을 멈추며 휙 돌아보자 이지는 흠칫 놀랐다.

"모든 보야르와 드보랸이 지켜보는 앞에서 그런 모욕을 당했으니 당연히……."

이반이 코웃음을 쳤다.

"이바노프 앞에서 아다셰프를 굴복시킨 건 그 교활한 녀석이 다시는 이바노프의 앞잡이가 되지 못하도록 하기 위해서였어. 나한테 공개적으로 충성을 맹세한 아다셰프를 이바노프가 과연 신뢰할 수 있을까?"

"아……!"

그제야 이반의 의도를 눈치 챈 이지가 눈을 크게 떴다. 이반이 그녀에게 얼굴을 접근시키며 말을 이었다.

"그리고 아다셰프를 죽음 직전까지 몰아넣은 건 그에게 다른 누구도 아닌 내가 주인임을 각인시키기 위해서였지. 네 말대로 아다셰프는 똑똑한 남자야. 하지만 내게 진심으로 충성하지 않는 한, 그런 자는 언제든 나의 등에 칼을 꽂을 수 있지."

"……!"

이지는 할 말을 잃은 채 이반의 얼굴을 멍청히 바라보았다. 젊은 차르는 이지가 생각하는 것보다 몇 배 무서운 남자인 것이다. 차르가 행하는 몸짓 하나, 내뱉는 말 한마디는 다 나름의 이유와 목적이 있었다. 이지는 날카롭게 빛나는 이반의 눈동자가 자신의 마음속까지 꿰뚫어보는 것만 같아 부르르 진저리를 쳤다.

"후우…… 정말이지 길고 긴 하루였어."

깔끔하게 꾸며진 방으로 들어오자마자 이지는 피곤한 몸을 눕히고 잠을 청했다. 침대에 등을 눕힌 지 채 일 분이 지나기도 전에 그녀는 요란하게 코를 골며 깊은 잠속으로 빠져들었다. 활짝 열어 놓은 창문을 통해 기분 좋은 여름 밤바람이 불어왔다. 그때마다 흰색 커튼이 부드럽게 흔들렸다. 그 창문을 통해 눈부신 아침 햇살이 비칠 때까지 이지는 한 번도 깨어나지 않았다.

"으응……."

창문을 사선으로 통과한 햇살이 얼굴을 환하게 물들일 무렵에야 이지는 간신히 눈을 떴다. 침대에서 일어나 앉으며 이지가 양팔을 쭉 펼쳤다.

"으하암~ 모처럼 잘 잤다."

순간 방문이 벌컥 열리며 훈장이 주렁주렁 달린 군복을 입고 허리에 검을 찬 이반이 쳐들어왔다.

"꺄악! 숙녀의 방에 노크도 없이 무슨 짓이에요?"

이지가 양팔을 가슴을 감싸며 비명을 지르자 이반이 황당한 듯 이지를 보았다. 자신의 가슴을 내려다본 이지도 곧 멋쩍은 표정을 지었다. 지난밤 너무 피곤해서 옷도 갈아입지 않고 잠이 들었던 것이다. 이지가 침대 아래로 내려서며 흠흠, 헛기침을 했다.

"아침부터 무슨 일이에요?"

"골치 아픈 일이 생겼다. 이지 네가 해결을 좀 해줘야겠어."

알아듣지 못할 말만 남기고 돌아서는 이반을 쫓아 이지가 황급히 방을 나섰다.

이반이 이지를 데려간 곳은 바로 어제 대관식이 열렸던 우스펜스키 대성당이었다. 성당의 깊숙한 곳 바닥과 사방이 딱딱한 돌로 만들어진 참회의 방에 아나스타샤가 무릎을 꿇고 있었다. 그녀는 정면의 십자가를 올려다보며 눈물의 기도를 드리고 있었다.

"신이시여, 죄 없이 희생당한 시민들을 위해 기도드립니다. 부디 그

들의 영혼을 천국으로 인도하소서."

이지와 이반이 나란히 서서 그런 아나스타샤를 보고 있었다. 아나스타샤는 허름한 차림에 맨발이었다. 이반이 간신히 화를 억누르는 소리로 설명했다.

"시녀들의 보고에 의하면 지난밤부터 저러고 있었다는 거야. 내가 시민들에게 사과하기 전까진 단식기도를 계속하겠다는군."

"역시……."

감동받은 표정으로 고개를 끄덕이는 이지를 향해 이반이 화를 냈다.

"역시는 뭐가 역시야. 네가 아나스타샤와 친하니까 설득해서 데려가도록 해."

"아나스타샤의 성격을 몰라요? 차라리 시민들에게 사과하는 게 어떠세요?"

"차르는 백성들을 다스릴 뿐, 사과 따윈 하지 않는다."

"그럼 아나스타샤가 굶는 걸 계속 지켜보는 수밖에 없겠군요."

"끄으으……."

화를 참지 못해 부들부들 떨며 아나스타샤를 쏘아보던 이반이 홱 돌아섰다.

"마음대로 하라고 해!"

"성질머리하고는……!"

혀를 차며 참회의 방을 나가는 이반의 뒷모습을 바라보다가 이지가 아나스타샤에게 다가갔다.

"아나스타샤, 괜찮아?"

아나스타샤가 지친 표정으로 이지를 보며 억지로 미소 지었다.

"견딜 만해."

"견딜 만한 것 같지 않은데?"

"이대로 가면 이반님은 절대 좋은 차르가 되지 못할 거야. 내 몸이 부서지는 한이 있어도 나는 이반님을 백성들이 친구처럼 여기는 그런 멋진 황제로 만들 거야."

"아나스타샤……."

집무실로 돌아온 이반은 경비병을 불러 감옥에 갇혀 있는 아다셰프를 데려오라고 지시했다. 그리고 옥좌에 비스듬히 앉아 아나스타샤 때문에 흥분한 마음을 가라앉히려 노력했다. 잠시 후, 경비병들이 아다셰프를 끌고 나타났다. 아다셰프는 하룻밤 새에 핼쑥해져 있었다. 옥좌 앞에 다다른 아다셰프는 대뜸 무릎부터 꿇었다.

"미천한 아다셰프가 위대한 차르 이반 4세 폐하를 뵈옵니다."

이반이 냉소적으로 미소 지으며 말했다.

"아다셰프, 그대가 드디어 예의를 배우기 시작했구나?"

모욕적인 발언에도 아다셰프는 더욱 공손하게 대답했다.

"모두가 폐하의 가르침 덕분입니다."

"흐음……."

눈을 가늘게 뜨고 아다셰프의 얼굴을 응시하던 이반이 말했다.

"이제 그만 일어나시오."

"감사합니다, 폐하."

"앞으로도 그대를 시종장에 임명할 테니, 충성을 다해주길 바라오."

"……!"

아다셰프가 충격을 받은 듯 눈을 부릅뜨고 젊은 차르를 바라보았다.

"저, 정말이십니까?"

"차르가 거짓말을 하겠소?"

"고맙습니다, 폐하. 정말 고맙습니다."

눈물을 글썽이는 아다셰프를 향해 이반이 모처럼 빙그레 웃어주었다.

"그대가 미워서 벌을 주었던 게 아니오. 짐은 단지 그대의 진심을 원했을 뿐이오."

"앞으로는 오직 폐하께만 충성을 바치겠습니다."

"고맙소. 자, 그럼 짐이 차르가 되었으니 제일 먼저 무엇을 하면 좋을지 의논해볼까?"

아다셰프가 기다렸다는 듯 답했다.

"일단 측근들을 중용하셔야 합니다."

"누가 좋을까?"

"일단 드보랸을 이끌고 있는 장인 로마노바를 폐하의 안전을 책임지는 근위장군에 임명하십시오."

"흐음……."

수긍하듯 고개를 끄덕이는 이반을 보며 아다셰프가 말을 이었다.

"그 다음에는 예전부터 폐하를 지지했던 사제 니콜라이를 재정장관에 임명하십시오. 그리고 사제 마카리를 대주교에 임명하십시오."

이반이 흡족한 듯 미소를 지었다.

"군대를 장악하고, 돈줄을 틀어쥐고, 마지막으로 교회를 같은 편으로 끌어들이라는 뜻이군."

"맞습니다. 그렇게 되면 이바노프와 보야르도 더 이상 폐하를 업신여기지는 못할 겁니다."

"하지만 보야르들이 반대할 텐데?"

"방법이 있습니다. 이바노프의 심복을 모스크바의 치안을 책임지는 수도장군에 임명하는 겁니다."

"흐음…… 수도장군이란 말이지?"

"크렘린궁은 폐하가 장악하시지만 크렘린을 포위한 모스크바를 자신의 심복이 다스리게 된다면 이바노프도 반대하지 않을 겁니다."

이반이 눈을 반짝이며 물었다.

"그래서 시종장은 누굴 생각하고 있소?"

아다셰프의 입가에 의미심장한 미소가 피어올랐다.

"스쿠라토프는 어떨까요?"

"……!"

눈을 크게 뜨고 아다셰프를 응시하던 이반이 나직이 물었다.

"아다셰프…… 그대는 설마……?"

"예, 스쿠라토프가 이미 폐하의 사람이 된 것을 알고 있습니다."

충격이 가시지 않은 얼굴로 아다셰프를 보다가 이반이 씨익 웃었다.

"과연 아다셰프……. 그대가 짐의 충신이 된 것만으로도 천군만마를 얻은 기분이다."

"감사합니다."

"흐음, 일은 잘 풀리고 있는데……."

표정이 어두워지는 이반을 보며 아다셰프가 고개를 갸웃했다.

"무슨 고민이라도 있으십니까?"

"아니, 아무것도 아니오."

고개를 흔드는 이반의 얼굴은 살짝 우울해 보이기까지 했다.

그날 오후, 크렘린궁의 대전에서 귀족회의 두마가 열렸다. 이 자리에서 이반은 로마노바를 근위장군에 임명했다. 그리고 사제 니콜라이를 재정장관에 임명하고, 마카리를 대주교에 임명했다. 이바노프가 반대하고 나섰지만 이반은 간단한 말로 그의 불만을 잠재워 버렸다.

"대신 이바노프 공의 오른팔인 스쿠라토프를 모스크바의 치안을 담당하는 수도장군에 임명하겠소. 그러면 만족하시겠소?"

"그렇게까지 말씀하신다면야……."

이바노프가 흡족한 눈으로 뒤쪽에 버티고 서 있는 거대한 덩치의 스쿠라토프를 돌아보았다. 자신의 심복이 모스크바의 치안권을 가진 장군이 된다는데 반대할 이유가 없었던 것이다. 이반이 이바노프를 향해 빙그레 미소를 지었다.

"이해해주니 고맙소, 이바노프 공."

"소신은 언제나 폐하를 도울 준비가 되어 있습니다."

"거듭 감사드리오."

해가 서쪽 지평선 너머로 사라지며 모스크바 시내의 낮은 지붕들을 잘 익은 오렌지빛깔로 물들이고 있었다. 복도의 아치형 창문을 통해 들어오는 노을빛을 받으며 이반은 참회의 방으로 향했다. 아나스타샤는 아직도 을씨년스런 방에서 단식기도 중이었고, 이지가 황후의 곁을 지키고 있었다.

아나스타샤 앞에 서서 숨을 헐떡이다가 이반은 버럭 화를 냈다.

"이제 그만하시오! 당신이 이런다고 달라질 것은 없소!"

아나스타샤가 그런 이반을 측은하게 쳐다보았다.

"폐하는 세상에 믿을 사람이 한 명도 없다고 생각하시죠? 심지어 여기에 있는 저나 이지조차 믿지 못하시죠?"

"……."

아나스타샤의 지적이 틀리지 않은 듯 이반은 입을 굳게 다물었다.

"저를 믿지 못하셔도 상관없습니다. 이지를 안 믿으셔도 괜찮습니다. 하지만 폐하 자신만은 부디 믿어 주시길 부탁드립니다."

"……!"

이반이 충격을 받은 듯 눈을 부릅떴다.

"아무도 믿지 않고 끊임없이 의심하면서 과연 얼마나 버틸 수 있을까요? 상대를 믿지 못하는 사람은 결코 강해질 수 없습니다. 아무리 위대한 사람도 혼자서는 큰일을 해낼 수 없기 때문이죠. 그러니 먼저 폐하 자신부터 믿으세요. 자신을 믿어야 다른 사람에게 믿음을 줄 수 있고, 그의 믿음 또한 받을 수 있을 테니까요. 폐하, 저는 신께 폐하가 스스로를 믿을 수 있게 도와달라고 간청 드리고 있었답니다."

아나스타샤의 눈에 어느새 눈물이 고였다. 이반을 진심으로 사랑하는 그녀의 마음이 전해져 이지도 코끝이 찡해졌다. 이반이 이번에도 그녀의 말을 무시한다면 이지는 감옥에 갇히는 한이 있더라도 한바탕 퍼부어 주리라 결심하고 있었다. 다행이 이지가 감옥에 가지 않아도 되었다. 이반이 아나스타샤에게 손을 내밀며 이렇게 말했던 것이다.

"미안하오, 아나스타샤. 당신의 말대로 할 테니, 제발 뭘 좀 먹으러 갑시다."

"폐하께 배반당한 시민들을 위해 무엇을 해주실 건가요?"

"으음……."

잠시 고민에 잠겨 있던 이반이 진지하게 말했다.

"짐은 그들을 전국의회에 참여시킬 생각이오."

"전국의회라면……?"

"지금까지는 보야르가 중심이 된 두마라는 귀족회의에서 나라의 모든 정책이 결정되었소. 하지만 이제부터 두마를 대신해 귀족과 성직자는 물론 제 3 신분인 시민 대표까지 참여하는 의회를 소집할 계획이오. 그리고 짐의 모든 정책은 그곳에서 결정될 것이오. 그렇게 되

면 보야르도 더 이상은 시민들을 괴롭히지 못하겠지."

"아……!"

아나스타샤의 표정이 모처럼 환해졌다. 그녀가 흥분한 목소리로 말했다.

"그럼 시민들도 기꺼이 폐하의 친구가 되어줄 것입니다."

순순히 고개를 끄덕이는 이반의 눈치를 살피며 아나스타샤가 조심스럽게 부탁했다.

"그날 크렘린궁으로 침입했다가 폐하께 죽임을 당한 시민들의 미망인과 아이들에게도 사과하고, 은전을 베풀어 주세요."

"당신의 뜻대로 하겠소."

"정말 감사해요, 이반!"

아나스타샤가 박차고 일어나 이반을 와락 끌어안았다. 당황하던 이반이 싱긋 미소를 지으며 아나스타샤의 등을 쓸어주었다. 이지는 다정한 두 사람의 모습을 흐뭇하게 지켜보았다. 아나스타샤의 따뜻한 마음이 꽁꽁 얼어붙은 이반의 마음을 조금씩 녹이고 있다고 생각하니 마음이 절로 훈훈해졌다. 일순 이지의 눈가에 쓸쓸함이 스치고 지나갔다. 조금씩 서로에 대한 믿음을 쌓아가는 두 사람을 보자 주노 생각이 떠올랐던 것이다.

'선배와 나는 왜 저런 믿음을 주고받지 못했을까? 혹시 내가 아나스타샤만큼 헌신적이지 못해서는 아닐까?'

이지의 입술을 비집고 낮은 한숨이 새어나왔다.

7
영광과 절망

 두마를 대체할 전국의회를 소집하겠다는 이반의 계획은 곧 이바노프와 보야르의 격렬한 반대에 부딪쳤다. 하지만 이반에겐 이미 이바노프를 설득할 말이 준비되어 있었다.

 "지난번에 짐이 크렘린궁에 침입한 시민들을 쫓아내고, 이바노프 공과 보야르의 손을 들어주지 않았습니까? 그때의 불만을 잠재우려는 것뿐이니 이해해 주시오. 무식한 시민들 몇이 의회에 참여한다고 해서 무엇이 달라지겠소? 어차피 모든 정책은 귀족들과 성직자들에 의해 결정될 것이오."

 자신들 편을 들어준 일을 생색내며 압박하는 이반 앞에서 이바노프는 결국 항복할 수밖에 없었다. 하지만 조건을 한 가지 붙였다.

 "대신 의회에 참석하는 시민 대표의 숫자를 보야르의 절반으로 제

한해 주십시오. 그러면 폐하의 뜻을 따르겠습니다."

"공의 말대로 하겠소."

그로부터 며칠 후, 크렘린궁에서 전국의회가 소집되었다. 차르에게 배신당했다고 믿었던 시민들은 자신들의 대표가 의회에 참가하게 되었다는 소식에 환호했다. 원망은 빠르게 잊혀지고, 시민들은 다시 차르를 친구로 여기기 시작했다.

화창한 한여름 오전에 이십여 명의 시민 대표가 당당하게 문을 통과해 크렘린궁 안으로 들어왔다. 하지만 차르의 친구라는 자부심은 궁 안으로 들어서자마자 산산이 깨어졌다.

"줄을 맞춰 서라!"

"옷매무시를 바로하지 못할까?"

"미천한 놈들이 어디서 고개를 똑바로 쳐들고 있어?"

문을 지키고 있던 보야르의 병사들이 시민 대표들을 윽박질렀기 때문이다. 대표들은 당장이라도 무슨 일을 당하게 될까 봐 겁에 질렸다. 병사들이 그런 시민들을 마음껏 조롱했다. 이때 날카로운 외침이 들려왔다.

"차르께서 초대한 시민들에게 이 무슨 무례한 짓이에요?"

"황, 황후마마……!"

성난 얼굴로 이지와 나란히 걸어오는 아나스타샤를 발견하고 병사들은 찔끔했다. 아나스타샤가 병사들을 준엄히 꾸짖었다.

"차르께 고해 큰 벌을 내리기 전에 어서 대표들에게 사과하세요! 어서요!"

황후에 기세에 눌린 병사들이 대표들을 향해 차례로 머리를 숙였다.

"미, 미안하오."

"우리가 지나쳤소."

마지막으로 아나스타샤도 대표들을 향해 머리를 조아렸다.

"저도 차르의 친구들께 진심으로 사과드립니다. 부디 너그러이 용서해 주세요."

"황후마마까지 고개를 숙이시다니요?"

"이러실 필요까지는 없습니다."

시민 대표들이 황송한 듯 손을 저었다. 황후의 입을 통해 차르의 친구라는 말을 들은 것만으로도 섭섭함 따윈 깨끗이 사라져버린 후였다. 아나스타샤와 화기애애하게 대화를 나누며 궁 안쪽으로 걸음을 옮기는 대표들을 보며 이지는 아나스타샤의 말대로 저 사람들이 이반에게 큰 힘이 될지도 모르겠다는 생각을 했다.

역사적인 첫 전국의회는 학교의 대강당처럼 생긴 실내 홀 안에서 열렸다. 타원형으로 배치된 객석의 중앙에는 사제복을 입은 성직자들이, 좌측 편에는 보야르가, 우측 편에는 드보랸이 자리를 잡았다. 시민 대표들은 드보랸들의 끝자락에 기가 죽은 채 앉아 있었다. 객석에서 내려다보이는 정면의 단상 위에 나란히 놓인 두 개의 옥좌에 이반과 아나스타샤가 나란히 자리했다. 두 사람 바로 뒤에는 아다셰프와 이지가 차르의 시종장과 황후의 시녀 자격으로 나란히 서 있었다.

전국의회의 의장을 맡은 이바노프가 자리에서 일어섰다. 그리고 객석 아래로 내려와 단 위의 차르와 황후를 향해 공손히 머리를 숙였다. 이반이 의회를 시작해도 좋다는 식으로 고개를 끄덕였다. 귀족, 성직자, 시민 대표들을 향해 돌아선 이바노프가 먼저 전국의회를 개최한 차르에 대한 감사의 인사를 장황하게 늘어놓기 시작했다. 그의 이야기가 너무 길어지자 이반이 살짝 눈살을 찌푸렸다.

"늙으면 말만 많아진다더니……."

하품을 참으며 나직이 투덜거리는 이반 쪽으로 아나스타샤가 상체를 기울이어 속삭였다.

"폐하, 긴히 드릴 말씀이 있습니다."

"해보시오."

"실은 제가 시민 대표들에게 부탁한 일이 있는데……"

아나스타샤가 귓가에 대고 소곤거리는 소리를 듣고 있던 이반의 눈이 조금씩 커졌다. 뒤에서 듣고 있던 이지와 아다셰프도 아나스타샤의 대범한 계획에 놀라 입을 쩍 벌렸다.

"오늘 전국의회에서 폐하가 직접 보야르로부터 당한 학대와 모욕을 고발해 주십시오. 그러면 전체 의원의 삼분의 일 이상이 찬성하면 의회는 차르에게 고발 내용에 대해 재판을 청구할 수 있다는 조항에 따라 시민 대표들이 재판을 요구할 것입니다."

이반이 긴장한 얼굴로 중얼거렸다.

"그럼 짐은 짐에 대한 반역의 죄를 물어 보야르들을 처단할 수 있겠군. 일단 로바노바를 불러 근위대로 하여금 의회를 겹겹이 포위하도록 해야……."

아나스타샤가 고개를 가로저었다.

"재판을 요구받는 즉시 폐하께선 보야르들의 사과를 받고, 저들을 사면해 주셔야 합니다."

"이런 좋은 기회가 왔는데 어째서?"

"쥐도 구석에 몰리면 고양이를 무는 법입니다. 하물며 상대는 아직 막강한 힘을 가진 보야르입니다. 서두르시면 오히려 폐하께서 다치실 수도 있습니다. 하지만 보야르에게 과거의 잘못에 대해 사과 받고, 죄를 용서해 주시는 것만으로도 저들의 기세를 완전히 꺾어 놓을 수 있지요."

"……!"

충격으로 눈을 부릅뜨고 있던 이반이 아다셰프를 스윽 돌아보았다. 아다셰프의 입에서 감탄사가 새어나왔다.

"황후마마의 영민하심을 보니 신이 우물 안 개구리였음을 알겠나이다."

이반이 강렬한 눈빛으로 아직도 연설 중인 이바노프와 그 앞쪽 보야르들을 바라보며 중얼거렸다.

"그래, 한 번 해볼 만하다 이거지……?"

마침내 이바노프의 길고 긴 연설이 끝났다. 자신이 이 의회의 주인임을 성공적으로 알렸다고 생각한 듯 이바노프가 흡족한 표정으로 성직자들과 귀족들을 둘러보았다. 시민 대표들에게 시선이 향하는 순간 그의 미간이 살짝 일그러졌지만 아주 짧은 순간이었다. 저깟 한 줌도 안 되는 시민 나부랭이쯤이야, 하고 이바노프는 생각했다. 이바노프가 흠흠, 목청을 가다듬더니 큰 소리로 말했다.

"그럼 첫 번째 안건에 대해 말씀드리겠습니다. 가뭄의 피해가 극심한 북부지방의 백성들에게 차르께서 세금의 삼 할을 감해주고 싶어 하십니다. 이 문제에 대해 여러 성직자들과 귀족들의 의견을 들었으면 합니다만."

성직자들과 귀족들이 삼삼오오 머리를 맞대고 의견을 나누었다. 그들 대부분은 세금을 감해주는 것에 반대하고 있는 것 같았다. 의회의 분위기가 자신의 의도대로 흘러간다고 생각한 이바노프의 입가에 흡족한 미소가 떠올랐다. 이때 이반이 스윽 자리에서 일어섰다. 그리고 단 끝에 서서 낮게 깔리는 소리로 입을 열었다.

"이바노프 공, 그 전에 짐이 여러 의원들에게 먼저 할 말이 있소만."

이바노프가 흠칫 이반을 돌아보았다.

"아, 그러십니까? 그렇다면 먼저 말씀하십시오."

귀족, 성직자, 시민들을 둘러보던 이반이 말했다.

"짐이 오늘 이 자리에 모인 라씨야의 각 계급 대표들에게 고발할 내용이 있소."

"차르께서 고발을 하시다뇨? 대체 누굴 말입니까?"

이반이 황당한 표정을 짓는 이바노프를 똑바로 쳐다보았다.

"수 년간 황태자인 나를 이곳 크렘린에 감금하고, 짐승처럼 모욕하고, 시시때때로 목숨을 노린 자들이 있소."

동시에 객석은 엄청난 혼란에 휩싸였다. 안색이 하얗게 질린 보야르들이 소란스럽게 웅성거리기 시작했고, 드보랸들은 그런 보야르들을 향해 차르께서 말씀 중이시니 조용히 하라고 소리를 질렀다. 성직자들은 성직자들대로 차르께 신의 가호 어쩌고저쩌고 떠들어대면서 그야말로 시장 바닥처럼 난리법석이 되었다.

이를 갈아붙이며 이반을 노려보던 이바노프가 나직이 내뱉었다.

"그런 대역죄를 저지른 자들이 대체 누굽니까?"

"그걸 몰라서 물으시오?"

이반의 입가에 냉소적인 미소가 걸렸지만 이바노프는 꿈쩍도 하지 않았다.

"저는 모르겠습니다. 폐하의 입으로 그 불충한 역도들이 누구인지 지목해주십시오."

"……!"

순간 장내는 숨 막힐 듯한 정적에 싸였다. 모두들 눈을 크게 뜨고 팽팽한 긴장감 속에 서로의 얼굴을 뚫어져라 응시하는 이반과 이바노프를 바라보았다. 한참만에야 이반이 손가락을 들어 이바노프의 얼굴을 가리켰다. 그리고 또박또박 힘주어 말했다.

"바로 당신 이바노프와 보야르들이 아니면 누구겠소? 짐은 차르의 이름으로 전국의회에 황태자였던 짐을 학대한 보야르 전체를 정식으로 고발하는 바이오."

순간 보야르들이 자리를 박차고 일어서며 소리를 질러댔다.

"이게 무슨 짓입니까, 폐하?"

"우리 보야르에게 선전포고를 하시는 겁니까?"

"라씨야는 결국 내전의 격랑 속으로 빠져들고 말 겁니다!"

이바노프가 주먹을 번쩍 쳐들자 보야르들이 일제히 멈칫했다. 이바노프가 이반에게 시선을 고정시킨 채 살벌하게 미소 지었다.

"조용히들 하시오. 아직 나와 폐하의 대화가 끝나지 않았소."

그 한마디로 객석은 다시 쥐 죽은 듯이 조용해졌다. 차르 못지않은 이바노프의 권위를 짐작할 수 있는 침묵이었다. 이바노프의 입가에 흐릿한 비웃음이 떠올랐다.

"뭔가 단단히 착각하고 계시는 건 아닙니까, 폐하?"

이반도 씨익 웃으며 대답했다.

"짐이 무엇을 착각했단 말이오?"

"조부이신 이반 대제께서 만드신 왕국법전에 따르면 억울한 일을 당한 모든 백성은 의회에 고발할 수 있습니다. 하지만 고발이 정식으로 접수되려면 전체 의원 절반 이상의 찬성이 있어야 하지요."

"호오, 그래서요?"

이비노프가 객석을 가리키며 자신만만하게 말했다.

"저기 모여 있는 의원들 중 삼분의 일은 저희 보야르입니다. 나머지

삼분의 일이 성직자들이죠. 그리고 드보랴과 저 시민 대표란 작자들을 모두 합쳐야 간신히 삼분의 일이 됩니다. 우리 보야르와 뜻을 함께하는 성직자의 숫자까지 합치면 전체 의원의 삼분의 이에 육박한다는 말입니다. 그러니 폐하의 고발은 이번 전국의회에 정식으로 접수조차 되지 못할 겁니다."

"흐음……."

곤혹스런 표정으로 신음을 흘리는 이반을 비웃던 이바노프는 다시 객석을 향해 돌아섰다.

"자, 그럼 첫 안건에 대한 회의를 계속 진행하도록 하겠습니다."

"잠깐!"

미간을 잔뜩 찌푸리며 돌아보는 이바노프를 향해 이반이 히죽 웃었다.

"혹시 왕국법전에 이런 내용도 있지 않소? 전체 의원 절반 이상의 찬성이 있어야 고발이 정식으로 접수된다. 단, 삼분의 일이 고발 내용이 타당하다고 생각한다면 대공에게 재판을 요청할 수도 있다."

"이…… 이런……!"

시종일관 여유를 잃지 않던 이바노프도 안색이 변했다. 숨을 헐떡이며 이반을 쏘아보던 이바노프가 나직이 으르렁거렸다.

"결국 이러려고 두마 대신 시민 대표를 끌어들인 전국의회를 만드신 겁니까?"

이반이 대답 대신 아나스타샤를 돌아보며 어깨를 으쓱했다. 그때까지 침묵을 지키고 있던 시민 대표들이 자리를 박차고 일어섰다.

"우리 시민 대표들은 차르께 보야르의 만행에 대해 재판해 주실 것을 정식으로 요청합니다!"

상황이 급박하게 돌아가자 로마노바와 드보랸들도 앞다퉈 자리에서 일어섰다.

"저희 드보랸들도 재판을 요청합니다!"

"보야르의 만행은 단죄 받아 마땅합니다!"

보야르들도 자리에서 일어나 드보랸과 시민 대표들을 향해 악을 썼다.

"전쟁을 하겠다는 것이냐?"

"우리가 이대로 당할 것 같아?"

"모스크바는 불바다로 변할 것이다!"

일촉즉발의 긴장감 속에 이반과 이바노프는 뚫어져라 서로의 눈을 보고 있었다. 이지도 두근거리는 가슴을 간신히 진정시키며 두 사람을 지켜보았다. 이반이 팔을 번쩍 쳐들며 버럭 소리쳤다.

"조용히들 하라!"

홀 전체를 쩌렁하게 울리는 고함 소리에 서로를 향해 저주를 퍼붓던 각 계급의 대표들이 일제히 입을 다물었다. 눈을 치켜뜨고 의원들을 둘러보던 이반의 시선이 다시 이바노프에게로 향했다. 이반이 표정을 풀며 싱긋 미소를 지었다.

"진정하시오, 이바노프 공. 짐이 설마 이바노프 공을 재판에 회부하겠소?"

"……"

"재판은 열리지 않을 테니, 한 가지 부탁을 들어주시오."

이바노프가 착 가라앉은 소리로 물었다.

"부탁이란…… 무엇입니까?"

"이곳에 모인 모든 의원들 앞에서 이바노프 공이 보야르를 대표해 짐에게 그간의 무례와 불충에 대해 진심으로 사과하고 충성을 맹세해주시오. 그럼 짐도 공과 보야르를 용서하겠소."

이바노프가 기가 막힌 듯이 말했다.

"이것은 부탁이 아니라 협박 아닙니까?"

"아니오. 부탁이오."

"이이……!"

피가 배어 나오도록 입술을 깨물고 이반을 쏘아보던 이바노프가 천천히 무릎을 꿇었다. 객석의 보야르들이 비명을 지르기 시작했다.

"안 됩니다, 이바노프 공!"

"이렇게 굴복할 수는 없습니다!"

"닥쳐라! 그럼 재판에 회부되어 반역죄로 처형당해도 좋단 말이냐?"

이바노프가 빽 소리치자 보야르들이 일제히 입을 다물었다. 이바노프가 완전히 무릎을 꿇으며 이반에게 머리를 숙였다.

"용서하십시오, 차르. 저를 비롯한 보야르들이 황태자였던 차르를 모욕하고 핍박한 것은 분명한 사실입니다. 그 불충을 씻기 위해서라도 앞으로 차르를 위해 목숨을 바칠 것입니다."

이반이 무감동한 눈빛으로 그런 이바노프를 내려다보았다. 하지만

등 뒤에서 움켜쥔 주먹이 부르르 떨리고 있는 것으로 보아 그가 얼마나 희열을 맛보고 있는지 짐작할 수 있었다. 이지와 아나스타샤, 아다셰프는 서로 시선을 마주치며 빙그레 미소를 지었다.

이반이 단 아래로 천천히 내려갔다. 그리고 이바노프를 부축해 일으켰다. 이반과 나란히 선 이바노프는 갑자기 십 년쯤 늙어버린 것처럼 보였다. 이반이 이바노프의 어깨에 손을 얹으며 보야르, 드보랸, 시민 대표들을 향해 당당히 선언했다.

"이것으로 과거의 원한은 깨끗이 잊겠소! 이제 짐은 보야르, 드보랸, 시민들과 힘을 합쳐 라씨야의 발전을 위해 전진할 것이오!"

"와아아아!"

시민 대표들이 양팔을 번쩍 쳐들고 환호했다. 이어 드보랸들도 주먹을 흔들며 환호성을 질렀다. 보야르들도 마지못해 소리 지르는 시늉을 했지만 그들의 얼굴에 짙게 드리운 패배의 그림자만은 감출 수가 없었다.

"으아아아!"

자신의 숙소로 돌아온 이바노프는 손에 잡히는 집기들을 때려 부수기 시작했다. 수도 장군으로 임명된 스쿠라토프와 대여섯 명의 유력 보야르가 부동자세로 서서 이바노프가 분노를 폭발시키는 모습을 지켜보고 있었다.

"후아…… 후아…… 이대로는 안 돼. 더 이상 이반 놈의 시건방진

행태를 봐주다가는 우리가 먼저 죽게 생겼어."

간신히 광란을 멈춘 이바노프가 거친 숨을 뱉으며 중얼거렸다. 그가 스쿠라토프를 홱 돌아보았다.

"스쿠라토프!"

"옙!"

"네가 지금 당장 동원할 수 있는 병력이 얼마나 되느냐?"

"이만 정도 됩니다."

"이만이라…… 거기에 우리 보야르가 동원할 수 있는 병력을 합치면 최소 육만쯤은 되겠군. 로마노바가 모스크바로 끌고 들어온 병력이라야 총 삼만 정도. 기습을 가한다면 단숨에 처치해버릴 수도 있다."

스쿠라토프가 착 가라앉은 목소리로 물었다.

"드디어 전면전입니까?"

"그래, 며칠 내로 통보할 테니 군영으로 돌아가 만반의 준비를 갖추도록."

"명을 받들겠습니다!"

방문을 열고 나가는 스쿠라토프를 스쳐 시종장 아다셰프가 들어왔다. 이바노프가 핏발선 눈으로 아다셰프를 쏘아보았다.

"이게 누구신가? 차르의 개로 변신한 아다셰프님 아니신가?"

"차르의 개가 될 수 있다면 저로서야 영광이지요."

"뭐가 어쩌고 어째?"

"흥분을 가라앉히시고 폐하의 명령을 들어 주십시오."

"방금 전에 전국의회가 끝났는데 또 무슨 명을 내렸단 말이냐?"

"폐하께서 방금 몽골의 잔당이 세운 동쪽 변경의 카잔한국을 정벌하겠다는 결단을 내리셨습니다. 이 시간 이후 모든 병력의 이동을 금지하고, 각 군의 지휘관들은 대전으로 집결하라는 명령이십니다."

"이…… 이런……!"

이바노프가 충격을 이기지 못하고 휘청했다. 전쟁을 준비하면 모든 군대는 차르의 휘하로 편입되기 때문에 반란 자체가 불가능해지는 것이다. 이바노프가 부들부들 떨리는 손가락으로 아다셰프의 얼굴을 겨누었다.

"네놈이지…… 네가 우리의 움직임을 예측하고 차르에게 전쟁을 일으키자고 건의한 것이지……?"

"글쎄요. 저는 무슨 말씀이신지 통 모르겠군요. 어쨌든 폐하의 명령을 전달했으니 이만 돌아가 보겠습니다."

아다셰프가 고개를 까닥하고는 돌아섰다. 방문을 열고 나가는 아다셰프의 뒷등을 죽일 듯 노려보며 이바노프는 이를 갈아붙였다.

"이반 이놈…… 네놈을 그냥두지 않겠다……!"

매부리코에 기분 나쁜 인상의 보야르 하나가 이바노프에게 다가와 속삭였다.

"차라리 차르에게 독을 쓰시는 것이……."

이바노프가 섬뜩하게 눈을 번뜩이며 내뱉었다.

"이반 곁에선 아다셰프가 모든 음식을 철저히 검사하기 때문에 독을 쓰는 것 자체가 불가능하다."

"그렇군요."

"하지만 다른 사람에게는 가능하지."

"다른 사람이라면 누구를……?"

"그 맹랑한 황후가 있지 않은가. 어린 시절부터 우리에게 학대당한 이반의 정신은 유리병처럼 불안정한 상태. 이럴 때 황후가 갑작스레 죽는다면 어떻게 될까? 이반이 과연 정상적으로 차르의 지위를 지켜 낼 수 있을까?"

음산하게 웃는 이바노프의 얼굴을 보야르들이 질린 듯 바라보았다.

카잔한국은 수십 년 전까지만 해도 러시아 전역을 지배했던 킵차크한국이 멸망하고, 그 후예들이 세운 왕국이다. 우랄산맥 주변까지 세력을 넓힌 이들은 끊임없이 러시아 동쪽 변방을 어지럽혔다. 이반으로선 카잔한국에 대한 정벌은 자신이 차르에 등극할 수 있도록 도와준 드보란과의 약속을 지키는 일이기도 했다.

이반은 총 십만의 대군을 동원하여 카잔한국의 수도인 카잔시를 공격했다. 그리고 그해 가을이 시작될 무렵, 카잔시를 함락시키는 데 성공했다. 첫 정벌치곤 놀라운 성과가 아닐 수 없었다. 그리고 이 정벌은 차르 이반의 권력을 더욱 공고히 만들어 줄 터였다. 하지만 이반의 불행은 전혀 예상치 못한 곳에서 시작되고 있었다. 저 멀리 모스크바에서 움트고 있는 불행의 씨앗을 젊은 차르는 미처 알아차리지 못하고 있었다.

"우욱!"
"꺄악! 아나스타샤!"

침대에 누워 있던 아나스타샤가 벌떡 일어나 앉으며 핏물을 토하자 이지는 비명을 질렀다.

"이 피 좀 봐! 어떡하면 좋아!"

핏물을 뚝뚝 흘리는 아나스타샤를 끌어안으며 눈물을 터뜨리는 이지를 향해 아다셰프가 나직이 말했다.

"네가 이러면 황후께서 더 힘들어 하신다."

"미, 미안해요."

서둘러 눈물을 훔치는 이지의 팔을 아나스타샤가 와락 움켜잡았다. 이지가 아나스탸사의 창백한 얼굴을 들여다보았다. 늘 새벽별처럼 반짝이는 아나스타샤의 눈동자에서 생기가 서서히 옅어지는 것을 지켜보며 이지는 그녀의 시간이 얼마 남지 않았음을 깨달았다. 목 밑까지 차오르는 슬픔을 누르며 이지가 아나스타샤의 뺨을 쓰다듬었다.

"말해, 아나스타샤……. 이반에게 남기고 싶은 말이 있으면 내가 전해줄 테니까……."

"내, 내가 독에 당했다는 말을 해서는 안 돼."

이지가 황당한 듯 외쳤다.

"어째서? 너를 이렇게 만든 이바노프와 보야르를 한 놈도 남김없이

처단하라고 해야지."

아나스타샤가 힘겹게 고개를 저었다.

"이, 이반님은 아버지와 어머니가 차례로 독살당하는 걸 지켜봤어. 이제 나까지 독살당했다는 걸 알면 내가 그토록 억누르려고 노력했던 증오심이 폭발하고 말 거야. 그 무시무시한 증오심은 보야르를 태우고, 라씨야를 태우고 마침내는 이반님 자신을 파멸시키고 말 테지. 그, 그러니까 말하지 말아줘."

"아나스타샤……."

마지막 순간까지 이반만을 생각하는 아나스타샤의 마음이 서글퍼이지는 목이 메어왔다.

"이지…… 약속해줘……."

"약속해, 약속할게."

아나스타샤의 입가에 평화로운 미소가 피어올랐다.

"너와 나 그리고 이반님 셋이 처음 만났을 때 기억나?"

"물론이지. 그때 이반님과 나는 이바노프의 기마부대를 피해 도망치고 있었잖아."

"나는 그때 이반님과 네가 사귀는 사이인 줄만 알았어. 그런 오해를 한 건 이지와 이반님이 너무도 잘 어울려 보여서일 거야."

"……."

"이지, 내가 떠나면 이반님을 돌봐줘. 겉으론 차가워도 그는 여린 남자야. 내가 없으면 너라도 반드시 그를 지켜줘야……."

아나스타샤는 말을 맺지 못했다. 그녀는 입을 살짝 벌린 채 먼 곳을 응시하고 있는 것 같았다. 아나스타샤의 아름다운 눈동자에서 빛이 완전히 사라진 것을 알아차린 이지가 친구를 와락 끌어안으며 참았던 눈물을 터뜨렸다.

"으허어엉? 아나스타샤-!"

8
천 년의 어둠

낙엽이 날리는 화창한 아침, 모스크바 거리로 시민들이 쏟아져 나왔다. 시민들은 카잔한국을 정복하고 개선한 이반과 그의 군대에게 열렬한 환호를 보내고 있었다. 하지만 당당하게 행진하는 기병과 보병들 사이에서 젊은 차르의 모습은 보이지 않았다.

"헉헉……!"

차르는 개선식까지 포기한 채 황궁의 복도를 헐떡이며 달려가고 있었다.

"아닐 거야. 뭔가 착오가 있었을 거야."

스스로에게 다짐하듯 중얼거리며 넋을 놓은 듯한 이반의 눈에 황후의 방이 보였다.

"아나스타샤!"

방문을 열어젖히고 들어가던 이반이 그 자리에 우뚝 멈춰 섰다. 방 안은 눈 덮인 침엽수림처럼 서늘하고 무거운 정적에 잠겨 있었다. 방 안쪽 깨끗한 흰색 시트가 씌워진 침대는 텅 비어 있었고, 침대 바로 옆에 이지가 초췌한 얼굴로 서서 이반을 바라보고 있었다.

슬프게 가라앉은 이지의 눈빛이 아니더라도 이반은 주인의 체취가 남아 있지 않은 침대가 왠지 서글퍼 보여 코끝이 찡해졌다. 방에 있어야 할 누군가의 모습이 보이지 않는 것을 애써 무시하며 이반이 부러 과장되게 웃으며 이지를 향해 다가갔다.

"여어~ 이지! 그동안 잘 지냈어? 아나스타샤는 어디 갔지? 남편이 전쟁터에서 돌아왔는데, 얼굴조차 보여주지 않는 거야?"

"이반님······."

"이지, 표정이 왜 그래? 내가 대승을 거두었다는 소식도 못 들은 거야?"

"이반님······."

"아나스타샤는 어디에 있냐니까? 혹시 욕실에 있나?"

"아나스타샤는 떠났어요."

"······!"

"마지막으로 당신을 보고 떠나려고 버텼지만 열흘 전에 떠나고 말았어요. 나와 아다셰프가 장례를 치렀어요."

이반이 눈을 찢어져라 눈을 부릅뜨고 이지의 얼굴을 쏘아보았다. 그의 파란 눈동자에서 벌건 불길이 이글거리는 것 같았다. 그 불길은 너무 뜨거워서 누구든 스치기만 해도 영혼까지 활활 태워버릴 것 같았다. 이반이 갈라지는 소리로 중얼거렸다.

"거짓말이지?"

"아나스타샤가 당신을 만나 행복했다고 전해 달랬어요. 하늘나라에서도 당신만을 사랑하겠다고요."

"거짓말이지? 거짓말이지? 거짓말이라고 말해!"

이반이 이지의 팔을 잡고 미친 듯이 흔들어대기 시작했다. 이반이 얼마나 우악스럽게 움켜잡았는지 팔이 찢어질 듯 아팠지만 이지는 몸을 빼지 않았다. 이렇게 해서라도 이반의 슬픔을 조금이라도 덜어 줄 수 있다면 얼마든지 참을 수 있었다.

이지를 확 밀친 이반이 침대에 엎드렸다. 그리고 양손으로 시트를 움켜쥐고 처절하게 울부짖었다. 결국은 아나스타샤마저 자신의 곁을 떠나고야 말았다.

"으아아아아―!"

크렘린궁의 둥근 지붕 위로 상처 입은 맹수 같은 이반의 울부짖음이 울려 퍼졌다.

"이바노프와 보야르가 아나스타샤를 독살했지? 그자들은 같은 방법으로 나의 아버지와 어머니를 살해했어."

"아니요. 아나스타샤는 갑작스런 병 때문에 세상을 떠났어요."

"나보고 그 말을 믿으라고?"

"이반님, 슬픔을 누르고 아나스타샤의 소원대로 위대한 차르가 되는 거예요."

"이제 알겠군. 아나스타샤가 그렇게 말해 달라고 부탁한 거야. 내가 증오심에 눈이 뒤집혀 미쳐버릴까 봐."

"이반님……."

이지는 침대에 걸터앉은 채 무릎에 이반의 머리를 받치고 있었다. 그 상태로 두 사람은 넓은 창문 너머 어둠이 깔리기 시작하는 하늘을 바라보았다. 가끔 선선한 바람이 불어와 이지와 이반의 슬픈 가슴을 어루만졌다.

두 사람은 아침부터 방안에서 꼼짝도 하지 않고 있었다. 이지는 어떻게든 이반의 분노를 가라앉히려고 노력했다. 그것이 아나스타샤가 자신에게 남긴 마지막 부탁이라고 생각했기 때문이다. 다행히 이반은 이지의 설득을 받아들이는 것 같았다. 하지만 방심한 탓일까? 밤이 깊어갈 무렵 이지는 깜빡 잠이 들었고, 이반이 소리 없이 방을 빠져나가는 것을 알아차리지 못했다. 이반의 두 눈이 피에 굶주린 늑대처럼 빛나고 있는 것도.

"경비병을 배로 늘려라! 주변을 겹겹이 에워싸라!"

이반이 돌아오자마자 이바노프는 급히 크렘린궁을 빠져나왔다. 그리고 모스크바 외곽의 공터에 군영을 세우고, 이반과 함께 돌아온 스쿠라토프의 병력으로 하여금 자신을 지키게 했다. 이바노프가 스쿠라토프를 데리고 군영 주변을 돌아다니며 직접 지시를 내리고 있을 때, 어둠 저편에서 누군가 홀로 말을 타고 걸어오는 게 보였다. 그 누군가가 이반임을 알아차린 이바노프는 혼란에 빠졌다.

"차르가 맞쳤나? 혼자서 사지로 걸어 들어오다니."

이바노프가 어떻게 대응해야 좋을지 머뭇거리는 사이 이반은 진영 안까지 들어오고 말았다. 이바노프 앞에서 말에서 내린 이반이 감정이라곤 담기지 않은 눈으로 이바노프의 얼굴을 뚫어져라 바라보았다. 이바노프가 간신히 태연을 유지하며 말했다.

"차르께서 이곳까진 어쩐 일이십니까?"

이반이 감정이 실리지 않은 목소리로 답했다.

"그러는 이바노프 공이야말로 갑자기 크렘린궁을 떠나 이곳에 병력을 집결시킨 이유가 무엇이오?"

"그냥 통상적인 훈련입니다."

"훈련이 아니라 두려워서겠지. 짐이 돌아오면 감히 황후를 독살한 그대를 살려두지 않을 테니까."

"무, 무슨 말씀입니까? 신이 황후마마를 독살했다는 증거라도 있습니까?"

순간 잔잔하던 이반의 눈에 불길이 화악 치솟았다.

"네놈이 우리 아버지를 독살하지 않았느냐? 네놈은 우리 어머니도 독살했지. 더 이상 무슨 증거가 필요할까, 응?"

"……."

이반의 분노가 심상치 않음을 깨달은 이바노프가 이를 악물며 곁에서 있는 스쿠라토프를 돌아보았다. 스쿠라토프가 차르를 따라온 사람이 없다는 뜻으로 고개를 살짝 흔들었다. 동시에 이바노프가 이반의 얼굴을 가리키며 명령했다.

"이반의 목을 베어라!"

하지만 스쿠라토프는 검을 뽑지 않았다. 주변을 에워싼 병사들도 움직이지 않았다. 이반의 입가에 흐릿한 비웃음이 걸리는 것을 보며 이바노프는 움찔했다. 이바노프가 스쿠라토프를 돌아보며 질린 듯이 중얼거렸다.

"스쿠라토프, 네가 설마……?"

이반이 깊은 동굴 속에서 울리는 듯한 소리로 말했다.

"이바노프, 그대를 황후 살해범으로 처형하노라."

스쿠라토프가 그제야 천천히 검을 뽑는 것을 보며 이바노프는 경악했다.

"이반 네 이놈--!"

이바노프가 절규하는 순간, 스쿠라토프의 검이 그의 목 위로 떨어졌다. 눈을 부릅뜬 채 이반을 쏘아보던 이바노프가 앞쪽으로 천천히 쓰러졌다. 수십 년간 권력을 붙잡기 위해 어린 소년의 인생을 무너뜨렸던 남자의 비참한 최후였다.

쿵!

발밑에 처박히는 이바노프를 이반이 싸늘히 내려다보았다. 한동안 이바노프의 시체를 뚫어져라 보고 있던 이반이 낮게 깔리는 소리로 스쿠라토프를 불렀다.

"스쿠라토프."

"옙, 폐하."

"아나스타샤의 영혼을 위로하려면 아직 많은 피가 필요하다. 오늘 밤이 가기 전에 모스크바에 남아 있는 모든 보야르를 죽여라. 이는 차르의 명령이다."

"명을 받들겠습니다!"

스쿠라토프가 곧 기마병들을 이끌고 진영을 빠져나갔다.

처절한 복수의 밤이 시작되었다. 스쿠라토프가 이끄는 병사들은 보야르를 찾아 한 명씩 처단했다. 밤사이 수백 명의 보야르와 가족들이 살해당했다. 간신히 모스크바를 탈출한 보야르는 먼 지방으로 도망쳤다.

기나긴 밤이 끝나고 아침이 찾아왔지만 한 번 폭발한 이반의 증오심은 가라앉지 않았다. 이반은 온몸에 피 칠갑을 한 스쿠라토프와 병사들이 지키고 있는 대전으로 드보랸과 시민 대표들을 불러들였다. 그리고 무시무시한 명령을 내렸다.

"지금 이 시각부터 모스크바와 라씨야 전역에 걸쳐 귀족이 아니라 차르인 짐이 직접 통치하는 오프리치니나를 설치할 것이오. 귀족들은 자신의 땅이 오프리치니나에 편입되어도 반항하지 말고 순순히 내놓으시오. 이를 어길 시에는 반역죄로 다스릴 것이며, 오프리치니나를 지키기 위해 오프리치니키라는 특수부대를 창설할 것이오. 스쿠라토프가 이 특수부대의 장군을 맡을 것이고, 오프리치니키는 차르의 직할부대로 그 누구의 제지도 받지 않고 오직 황제의 명령만 수행하게 될 것이오."

오프리치니나의 설치로 오랜 세월 귀족의 힘이 지나치게 비대했던 러시아에서 차르의 전제권력을 강화할 수 있는 물질적 기초가 마련되었다. 오프리치니나는 점점 확대되어 결국에는 러시아 영토의 절반 가량이 오프리치니나가 되었다. 오프리치니나에는 귀족의 봉토뿐 아니라 자유민의 토지도 포함되었다. 토지 몰수에 반항하는 귀족이나 자유민은 즉시 처형되거나 추방당했다.

스쿠라토프가 이끄는 오프리치니키는 검은 옷을 입고, 검은 말을 타고 다니며 이후 십 년 동안 러시아 전체를 공포의 도가니로 몰아넣었다. 그들은 차르에게 조금이라도 반항하는 귀족들을 체포하고, 차르를 비방하는 자유민들을 잔인하게 살해했다. 그들은 심지어 희생자의 해골을 말 목에 걸고 달리며 마을 전체를 쑥대밭으로 만들기도 했다.

이 잔인한 흑위병들은 오직 이반 4세의 명령에만 복종하면서 황제의 명을 따르지 않는 자들은 귀족이건 농민이건 가리지 않고 학살했다. 차르의 친구를 자처했던 모스크바 시민들조차 이제 공포의 상징이 된 크렘린궁에 웅크린 채 사람들을 죽일 생각만 하는 이반을 미치광이 폭군이라고 부르게 되었다.

이지는 봄의 햇살이 은은히 비추는 복도를 걸어 차르의 집무실로 향했다. 궁전 안은 쥐 죽은 듯이 고요했다. 지난겨울 내내 이어진 오프리치니키의 끔찍한 만행으로 인해 사람들은 황제의 근처로 접근하는 것 자체를 무서워했다.

끼이이이…….

이지가 쇳소리를 울리며 방문을 열고 들어가자 마치 유폐된 황제처럼 먼지가 뽀얗게 쌓인 옥좌에 비스듬히 앉아 있는 이반의 모습이 들어왔다. 러시아 영토의 절반을 차지한 부자가 되었지만 차르는 예전보다 훨씬 가난해 보였다. 초여름 바다 빛깔처럼 파랗게 빛나던 눈동자는 생기를 잃었고, 수염이 까칠하게 자란 턱은 심술궂은 느낌이었다. 하지만 이지는 그의 내면을 사로잡고 있는 것이 증오가 아니라 깊은 절망임을 누구보다 잘 알고 있었다. 서글픔을 느끼며 이지가 차르 앞으로 다가갔다.

"이반님."

이반이 힐끗 이지를 보았다. 이지가 아무런 감정도 느껴지지 않는 그의 눈동자를 마주하며 나직이 말했다.

"그만 살육을 멈춰요. 이제 보야르뿐 아니라 드보랸과 시민들까지 당신을 무서워하고 있어요. 이건 아나스타샤가 원하는 모습이 아니에요."

"그녀의 이름을 함부로 입에 담지 마라!"

"……!"

이반이 자리를 박차고 일어서며 소리치자 이지는 움찔했다. 이반이 죽일 듯 이지를 노려보았다.

"라씨야는 차르의 개인 소유물이다. 짐이 어떻게 다루든 그것은 순전히 짐의 마음이란 말이다. 그러니 나한테 이래라 저래라 하지 말거라. 이지 너라도 용서치 않을 것이다."

"이반님……."

아나스타샤의 소망이 완전히 무너졌다고 생각한 이지의 눈에 눈물이 고였다. 이반이 갑자기 생각났다는 듯 옥좌에서 급히 걸어 내려왔다. 그리고 이지의 손을 잡고 집무실을 빠져나갔다.

"마침 오프리치니키를 이끌고 사냥을 떠나기로 했다. 너도 함께 가자꾸나."

우투투투투!

검은 로브를 입고 검은 말을 탄 오프리치니키들이 들판을 질주했다. 두 눈이 비정상적으로 번들거리는 검은 병사들은 어떤 광기로 뭉쳐 있는 것 같았다. 이 불길한 기마부대를 선두에서 이끌고 있는 것은 이반과 스쿠라토프였다. 그리고 이지도 억지로 이반을 따르고 있었다. 이지가 이반을 돌아보며 큰소리로 물었다.

"대체 어느 사냥터로 가기에 이렇게 무작정 달리는 거예요?"

"……"

이반은 대답하지 않고 희미하게 웃으며 앞만 보고 달렸다. 무언가

꾸미고 있는 듯한 그 웃음이 이지를 불안하게 만들었다.

하루 밤낮을 달려 도착한 곳은 사냥터가 아니었다. 이지는 이반과 언덕 위에 나란히 서서 발아래 평화로운 아침을 맞이하는 작은 도시를 내려다보았다.

불길한 느낌이 점점 더 엄습했다. 이지는 도시를 내려다보는 이반의 얼굴에서 살기를 읽고 멈칫했다.

"이곳이 어디에요?"

"노브고로트라는 도시다. 살아남은 보야르들이 집결해서 살고 있는데, 아직도 짐의 권위를 우습게 여기는 불경스런 도시지."

"설마 사냥터라는 게……?"

"맞다. 짐은 오늘 저 불경스런 도시를 사냥할 것이다. 마침 사냥하기에도 좋은 날씨구나."

이반이 팔을 번쩍 쳐드는 순간 스쿠라토프가 우렁차게 명령했다.

"오프리치니키, 돌격 앞으로!"

지축을 울리는 말발굽 소리와 함께 일만을 헤아리는 기마부대가 언덕을 달려 내려갔다. 마치 산사태처럼 들이닥친 부대는 한가하게 아침을 준비하던 시민들을 덮쳤다. 피에 굶주린 악마의 사제 같은 흑위병들이 검과 창을 휘둘러 무고한 시민들을 학살하기 시작했다. 심지어 그들은 여자와 아이들까지 무참히 살해했다.

사방에서 시뻘건 불길이 치솟았고, 끔찍한 비명소리가 하늘을 뒤덮었다. 결국 도시 안에 있던 살아남은 보야르와 수천 명의 가족들까지 학살을 당하고 말았다. 이지는 눈을 돌리지도 못한 채 그 끔찍한 광경을 보고 있을 수밖에 없었다.

평화로운 도시 노브고로트가 순식간에 지옥도로 변했다. 충격과 공포로 지켜보았다. 몸을 덜덜 떨며 이지가 이반을 홱 돌아보며 소리쳤다.

"당장 멈춰요! 이건 미친 짓이에요!"

"사람들은 나를 일컬어 미친 군주라고 한다지? 그 말대로 해주려는데 왜 말리는 거야?"

"당신 정말……?!"

이지가 질린 듯 눈을 부릅뜨고 잔인하게 웃는 이반의 얼굴을 바라보았다. 이반은 어딘지 단단히 잘못된 사람처럼 보였다. 어린 시절에 받은 지독한 학대가 그를 괴물로 만들어버린 것이다. 아나스타샤의 애정과 위로가 다행히 그것을 억눌러왔지만 그녀가 사라지자 괴물은 봉인을 풀고 뛰쳐나왔다. 그리고 이제 누구도 그 괴물을 막을 수 없을 것처럼 보였다.

하지만 이지의 눈에는 이반이 끔찍한 폭군이 아니라 사랑을 잃고 절망에 빠진 가련한 아이처럼 보였다. 그는 또다시 빛 한 점 비추지 않는 완전한 어둠에 갇혀 있었다. 천 년 동안 계속된 어둠이라고 불러도 좋을 것이다.

"아…… 가엾은 이반……!"

눈물을 주르륵 흘리는 이지의 몸이 눈부신 빛에 싸이기 시작했다. 신성한 느낌을 풍기는 빛이 점점 강해지며 주변을 환하게 물들였다.

빛에 싸인 채 서서히 사라지는 이지를 이반이 눈을 부릅뜨고 바라보았다.

"이지, 네 몸에서 웬 빛이……?"

이지는 이제 떠나야 할 시간임을 예감하고 슬픔이 담긴 목소리로 마지막 당부를 남겼다.

"안녕, 이반. 당신이 좋은 차르가 되는 걸 보지 못하고 떠나서 마음이 너무 아파. 이런 짓을 하는 당신의 마음이 더 아플 거란 걸 알아. 더 늦기 전에 아나스타샤가 원하는 차르의 모습으로 돌아오길 바라. 하늘나라의 아나스타샤도 간절히 기도하고 있을 거야."

이반이 점점 투명해지는 이지를 잡으려고 손을 뻗으며 겁에 질린 아이처럼 외쳤다.

"가지 마, 이지! 나를 혼자 두고 가지 마!"

"안녕, 이반. 부디 슬픔을 이기고 행복해지기를 바랄게. 당신을 생각하는 사람들이 있다는 걸 잊지 마……."

마침내 이지의 모습이 빛 속으로 완전히 사라졌다. 아나스타샤에 이어 이지까지 잃은 이반은 수십만 명을 학살한 잔인한 차르가 아니라 상처 입은 아이의 모습으로 땅바닥에 엎드려 눈물을 펑펑 쏟았다.

"으으…… 그러면 안 돼, 이반……."

악몽을 꾸는 듯 이지가 땀투성이 얼굴로 고개를 설레설레 흔들었다. 이지는 이내 비명을 지르며 상체를 벌떡 일으켰다. 심장이라도 토할 듯 숨을 헐떡이는 이지의 앞에 주노와 필립이 놀란 토끼 눈을 하고 나란히 앉아 있었다.

"여긴 어디지? 모스크바는…… 이반은……?"

눈을 껌뻑이며 중얼거리는 이지를 향해 주노와 필립이 어리둥절한 표정을 한 채 차례로 말했다.

"무슨 소리야?"

"여긴 네 방이잖아."

그제야 이지는 자신이 모스크바공국 이반의 곁이 아니라 필립 할아버지의 농장 집에 있음을 깨달았다.

"후우우…… 그 끔찍한 곳에서 간신히 돌아왔구나."

안도의 한숨을 내쉬던 이지의 표정이 이내 어두워졌다. 얼굴 군데군데 반창고를 붙인 채 나란히 앉아 있는 주노와 필립 때문이었다. 지난 저녁 산등성이에서 주먹다짐을 벌이던 두 남자의 모습이 떠올랐다.

"아…… 그때 나는 언덕 아래로 굴러떨어졌었지?"

필립이 십년감수했다는 표정으로 말했다.

"이지 네가 잘못되는 줄 알고 얼마나 놀랐는지 몰라."

이때 주노가 이지의 손을 잡았다. 흠칫 돌아보는 이지를 향해 주노가 미안해서 견딜 수 없다는 표정으로 말했다.

"네가 우리 엄마 때문에 그렇게까지 힘들어하는 줄은 몰랐어. 내가 미리 헤아렸어야 하는데 정말 미안해. 엄마와 친해지고 싶은 욕심에 그만……."

"……."

이지는 아무 대꾸도 않고 주노의 얼굴을 물끄러미 바라보았다. 주노의 얼굴은 며칠 새 눈에 띄게 초췌해져 있었다. 자신을 찾기 위해 사방을 뛰어다녔을 그의 모습이 눈에 선했다. 주노의 얼굴에 이반의 얼굴이 겹쳐 보였다. 주노도 어쩌면 아나스타샤를 잃은 이반만큼이나 괴로웠는지 모른다. 이지도 사랑을 잃은 그 막막한 절망감을 알기에 주노에 대한 원망 대신 측은한 마음이 들었다. 손바닥을 통해 주노의 따뜻한 체온이 느껴지는 것도 같은 이유에서일 것이다.

'나는 결국 주노 선배에게 돌아갈 수밖에 없는 건가?'

이때 필립의 시선을 느낀 이지가 움찔했다. 필립이 말할 수 없이 서글픈 눈빛으로 이지를 보고 있었다. 필립의 시선에서 이지는 또 한 명 사랑을 잃을까 봐 떨고 있는 아이의 모습을 발견했다. 주노 때문에 힘들 때마다 언제든 곁을 지켜준 고마운 친구. 이지는 그런 필립을 버려두고 아무 일 없었다는 듯 주노에게 돌아갈 수는 없었다.

'아…… 이 두 남자를 대체 어떡하면 좋지……?'

슬픈 눈으로 자신을 뚫어져라 응시하는 두 남자를 보며 이지는 골치가 지끈지끈 아팠다.

위대한 차르 이반 4세

13세기 초, 칭기즈칸의 손자인 바투가 서방 원정을 떠나 키예프공국을 쓰러뜨리면서 러시아는 약 240년 동안 몽골의 지배를 받게 된다.

몽골의 지배 하에서 독립의 힘을 키웠던 나라는 모스크바공국이었는데, '대왕'이라 불리게 되는 이반 3세 시절에 마침내 몽골을 결정적으로 물리치게 된다. 이반 3세는 비잔틴 황제의 조카딸과 혼인함으로써 자신의 권위를 높였는데, 비잔틴이 1453년에 멸망한 후로는 모스크바가 콘스탄티노플을 계승하는 제3의 로마라고 주장하며 동방정교의 수장을 자처하고, 비잔틴의 '쌍두 독수리' 문장을 그대로 쓰는 등 권위를 더욱 높이려 했다. 그래서 그를 로마 황제 카이사르의 칭호를 러시아식으로 읽은 '차르'라고 부르게도 되었다.

그러나 모스크바대공과 공국의 지배력은 완전하지 않았다. '보야르'라 불리는 대귀족들은 국정을 장악한 한편 세습된 대토지를 보유했으며, 서유럽의 봉건영주와 달리 왕에게서 봉토를 받고 충성 서약을 한 것이 아니었으므로 군주에게 도전할 여지가 충분했다. 병합된 옛 공국들도 명목상으로만 모스크바에 복종하는 경우가 많았고, 늘 반란의 가능성을 품고 있었다. 이런 상황을 극복하여 명실상부한 차르 전제체제를 수립한 사람이 이반 3세의 손자인 이반 4세이다.

1. 크렘린의 어린 죄수

이반 4세는 이반 3세의 아들 바실리 3세와 엘레나 글린스카야의 적자로 태어났다. 바실리 3세는 이반 4세가 세 살 때, 엘레나는 여덟 살 때 세상을 떠났다. 부모가 너무 일찍 세상을 떠나는 바람에 이반은 대공 지위를 계승하기는 했지만 적대적인 보야르들의 틈에서 힘겨운 어린 시절을 보내야 했다. 그는 형식적으론 대공이었지만 크렘린의 탑에 갇혀 먹을 것과 마실 것도 제대로 지급받지 못하는 죄수의 신분이었다.

많은 사람이 이 불운한 소년이 머지않아 폐위되거나 암살당할 거라고 여겼지만 미묘한 정치적 역학관계 덕분에 이반은 끝내 살아남았다. 그리고 열여섯 살 이던 1546년 12월 말에 "내년에는 차르로서 즉위하겠다"고 선언했는데, 이것은 그대로 실현되었다. 그의 즉위가 가능했던 이유는 역설적으로 어린 왕의 통치기에 보야르들끼리의 파벌 다툼이 심해져 보야르가 단결해서 왕권을 위협할 수 없었기 때문이었다. 또한 하급 혹은 지방귀족을 의미하는 '드보랸'들은 보야르의 횡포를 견제해 줄 강력한 왕권을 기대했고, 상인들은 러시아 전역을 하나로 묶는 동일한 상권이 탄생하기를 바랐기에 이반 4세의 차르 즉위를 지지했다.

2. 왕권의 강화

차르 즉위년에 모스크바에 의문의 대화재가 발생하고, 노브고로트와 프스코프에서 반란이 일어나는 등 차르 체제에 대한 견제가 만만치 않았다. 이에 대응해 젊은 황제는 시종관 아다셰프, 사제 실베스트르, 대주교 마카리 등의 귀족들을 측근으로 발탁했으며, '선출회의'라는 기구를 통해 보야르들의 귀족의회 '두마'에 대항했다. 1549년에는 프랑스의 삼부회와 비슷한 '전국의회(젬스키소보르)'를 소집해 귀족, 성직자, 그리고 상인과 도시자유민 등의 '제3 신분' 대표들 앞에서 자신의 어린 시절 보야르들이 자행한 모욕과 부정부패 등을 고발했다. 그리고 이런 무례와 비리를 되풀이하지 않을 것을 요구한 결과, 보야르들의 사과를 받아냄으로써 귀족들과의 대결에서 승기를 잡기 시작했다. 이듬해 이반은 개혁입법으로 지방 정부의 자치권을 중앙으로 귀속시키고, 보야르들이 마음대로 주무르던 지방 법정에 지방 드보란과 자유민들을 참여하게 했다. 그리고 상비군을 창설하고, 토지제도를 개편해 귀족의 토지 세습권을 원칙적으로 인정하지 않았다. 이 중 토지 문제만큼은 두마의 저항으로 현실화되지 못했으나, 이반 4세는 서서히 절대군주로서의 권력을 쌓아가고 있었다.

이반은 외교, 군사 부문에서 업적을 쌓아 러시아를 강하게 만드는 한편 귀족들의 반발을 억제할 힘을 확보하려 했다. 그리하여 오랫동안 모스크바공국을 위협해온 카잔한국 정벌에 나서 1552년에 병합했으며, 1556년에는 아스트라한한국까지 정복했다. 또한 영국을 비롯한 서유럽 국가들과의 교역 루트를 개발하기도 했다. 이러한 통치는 일부 보야르들을 제외하면 러시아의 대부분 백성들에게 환영을 받았다.

3. 폭정의 시작

그러나 치세 후반기 들어 서서히 이반 4세의 공포정치가 시작되었다.

1553년 이반은 중병에 걸렸다. 병명은 불분명해서 뇌염이라고도, 매독이라고도 하는데 아무튼 그는 자신이 결코 일어나지 못할 것으로 생각하고 생후 5개월 된 아들 드미트리에게 신하들이 충성 서약을 하도록 했다.

그러나 그동안 이반을 보좌해온 아다셰프, 실베스트르 등의 생각은 달랐다. 이반의 이복형인 블라디미르 스타리츠키를 내세우려고 했던 것이다. 이들은 쿠데타 모의까지 했지만 아직도 이반의 지지세력이 단단하다는 판단에 따라 이반이 병사한 후를 노리기로 했다. 그러나 이반은 기적적으로 쾌차했으며, 자신이 그토록 믿었던 선출회의의 주역들이 자신을 배반했음을 깨닫고 치를 떨었다. 그러나 곧바로 그들을 숙청하지는 않고 다시 기회를 주려고 했다. 그런데 앞으로의 정복 방향을 놓고도 차르와 선출회의의 입장이 대립했다. 선출회의는 동방으로 더 뻗어나가야 한다고 여긴 반면, 이반은 서방 공략을 염원했다. 결국 차르의 고집대로 1558년부터 발트해 연안의 리보니아를 침공, 리보니아 전쟁을 개시했다. 그런데 스웨덴, 폴란드, 리투아니아가 전쟁에 개입한 이후 막대한 손해만 거듭할 뿐 얻는 것은 없는 진흙탕 싸움으로 변질되어버렸다. 리보니아에 전 군사력을 투입하다시피 해 남부의 크림한국과 동부의 타타르를 비롯한 외적이 침입해 모스크바를 유린하는데도 제대로 대응할 수가 없었다. 여기에 역병과 기근까지 이어지면서 이반 4세의 인기는 바닥을 쳤다. 병의 후유증인지 걸핏하면 화를 내고 주변 사람들에게 폭력을 휘두르는 등 광기를 드러내던 이반의 자제심을 마지막으로 무너뜨린 것은 1560년 사랑하는 황후 아나스타샤의 죽음이었다. 이반은 거의 광란에 빠졌으며, "사악한 반역자 놈들이 내 아내를 독살했다!"라고 소리를 질렀다.

그때부터 이반은 아다셰프와 실베스트르 그리고 이복형 블라디미르와 그 친지들을 무자비하게 숙청했다. 또한 보야르와 드보랸을 가리지 않고 눈에 거슬리는 자들은 모조리 없애버렸다. 리보니아 전쟁과 기근 등이 없었다면 그 속도는 더욱 빨랐을 것이다. 1564년에는 마침내 최측근만 대동하고 모스크바를 떠나 알렉산드롭스키 성에 틀어박히고는 "보야르들이 자꾸만 정권을 위협하니 더 이상 국가를 다스릴 수가 없노라"는 서한을 모스크바의 자유민과 성직자들에게 보냈다. 모스크바에서 계급 대립을 격화시켜 어부지리를 취하려는 이 작전은 보기 좋게 성공하여 보야르 두마는 차르 폐하께 다시는 무례하지 않을 것이니 부디 돌아와 주시기를 간청하는 서한을 이반에게 보냈다.

돌아온 이반은 이제부터 차르는 지위고하를 막론하고 재판 없이 사람을 처벌하고 재산을 몰수할 권한을 갖는다고 선포했으며, 아울러 '오프리치니나' 건설 계획에 착수했다. 특별 구역을 의미하는 오프리치니나는 러시아 북동부의 광활한 토지의 소유권을 몰수하여 차르의 직할 영지로 만드는 체제였다. 1566년의 젬스키소보르에서 확정된 이 오프리치니나는 차르가 전제 권력을 휘두를 수 있는 물질적 토대가 되었다.

아울러 오프리치니나의 치안을 유지한다는 명목으로 '오프리치니키'라는 군대가 창설되었다. 검은 옷을 입고 검은 말을 타고 다녔던 이들은 이후 십여 년 동안 러시아 전역을 공포로 몰아넣었다. 이 흑위병들은 오직 이반 4세에게만 복종하면서 귀족이건 농민이건 가리지 않고 학살했다. 1563년 모반자 스타리츠키 일족을 학살할 때 잔인함을 과시해서 이반의 눈에 들었던 말류타 스쿠라토프가 앞장서서 가혹행위를 지도했다. 오프리치니키의 학살 중에 가장 규모가 컸던 것은 1570년의 노브고로트 학살인데, 이들은 러시아 최고의 전통을 자랑하며 모스크바의 지배를 고까워한 이 도시를 공격해서 1천 5백 명의 보야르들과 셀 수 없는 숫자의 평민들을 살육했다.

4. 심해지는 광기

차르의 공포정치가 점점 도를 더해가자 많은 귀족들이 해외로 망명했다. 하지만 농민들은 어디로도 달아날 수 없었다. 무차별적인 탄압과 약탈에 질린 농민들이 오프리치니나에서 달아나 남부나 외국으로 빠져나가는 일이 잦아지자, 이반 4세는 농민이 소속 토지에서 평생을 살도록 법을 고쳤다. 이것을 이후의 황제들이 계승하면서 러시아 농노제의 기원이 된다.

교회도 무사하지 못했다. 본래 교회의 지나친 치부와 사치를 억제하려는 시도가 선출회의 때 있었으나, 당시 그것은 대체로 좋은 평가를 받았다. 그러나 공포정치 시대가 되자 이반의 교회 탄압은 무차별적으로 바뀌었는데, 일부 지역의 교회가 차르의 지배를 거부한데다가 결혼까지 문제 삼았기 때문이다. 동방정교회는 가톨릭처럼 이혼을 절대 금지하지는 않았지만 좋지 못한 일로 여겼고, 네 번 이상의 결혼은 금지했다. 그런데 아나스타샤 황후를 잃은 뒤 마음의 안정을 찾지 못한 이반은 걸핏하면 황후를 갈아치웠고, 당연히 교회와 충돌했던 것이다. 결국 그는 아홉 번 결혼했으며, 마지막 두 번은 결혼식조차 치르지 않은 채 살았다.

폭력이 지나치게 남발되고 있다고 여겼든지, 그만하면 자신의 전제권이 확립

되었다고 생각했든지 이반은 1572년에 오프리치니나를 철폐하고 오프리치니키를 해산시켰다. 이후로는 오프리치니나를 언급하는 것만으로도 죄가 되었다. 그러나 '제국의 토지는 기본적으로 차르의 것이며, 반대자는 무자비한 폭력으로 진압된다'는 원칙은 바뀌지 않았다. 러시아 특유의 차르 전제 체제가 기틀을 잡았던 것이다.

5. 비극적인 말년

이반의 극단적인 공포정치를 왕권을 강화하려는 냉정한 계산에 따른 것으로 보기도 하고, 우울증이나 수은 중독 등이 불러온 광기의 산물로 보기도 한다. 아무튼 그런 공포의 끝은 자멸이었다. 1581년 이반은 임신 중이던 황태자비의 옷차림이 단정치 못하다며 그녀를 지팡이로 때렸고, 이 충격으로 황태자비는 유산하고 말았다. 황태자가 이를 항의하려고 부황의 침실로 뛰어 들어가자, 이반의 지팡이는 황태자의 이마에도 사정없이 내리꽂혔다. 잠시 뒤, 궁정의 신하들은 피투성이가 된 황태자의 시체를 끌어안고 울부짖는 차르의 모습을 볼 수 있었다. 그는 순간적인 분노를 참지 못해 사랑하는 아들을 자기 손으로 살해한 것이다.

이 사건의 자세한 전말은 알려지지 않았으며, 이반 4세 같은 군주에 흔히 따르게 마련인 과장과 헛소문이 섞였을 가능성도 없지 않다. 아무튼 이로써 이반은 사실상 유일한 후계자를 잃었다. 3년 뒤에 차르가 죽자, 제위는 몹시 병약했고 정신지체자라는 의심까지 받고 있던 표트르에게 이어졌다. 그가 아들 없이 1598년에 죽자 처남으로 섭정을 맡고 있던 보리스 고두노프가 뒤를 이었다. 이렇게 해서 류리크 왕조는 완전히 단절되고 말았다.

이후 1614년까지는 러시아 역사에서 혼란의 시대로 불린다. 이반 4세의 아들을 참칭한 가짜 황제 드미트리가 등장하는가 하면, 이반 4세 시절 잃었던 특권을 되찾으려는 귀족들과 농민들이 충돌하면서 폴란드가 개입해 한때 모스크바를 점령하는 등 거의 망국의 위기가 빚어지기도 했다. 이 혼란기는 미하일 로마노프가 젬스키소보르의 지지를 받아 새로운 차르가 되면서 마무리되었다. 이때 이반 4세는 이미 전설 속의 인물이 되어 있었고, 그의 잔혹한 광기만 러시아인들에게 두고두고 이야기되었다.

그러나 그가 확립한 차르 체제는 로마노프의 황제들에게도 계승되면서 근대까지 이어지게 된다.